PowerPoint 2016には手軽に利用できるテーマ（スライドのデザイン）が30種類近く用意されています。以下にいくつかの例を紹介しておくので、スライドにテーマを適用する際の参考としてください。

（※）巻末へ続く

■ ファセット

■ クォータブル

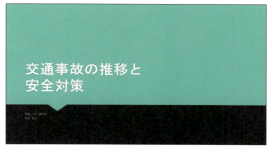

■ シャボン

■ フレーム

ステップ30

PowerPoint 2016 ワークブック

もくじ

Step 01 タイトル スライドの作成 ········· 6

PowerPointの役割 / PowerPointの起動 / PowerPointの起動画面 /
タイトル スライドの作成 / 入力した文字の修正 /
以降のスライド編集について

Step 02 ファイルの保存と読み込み ········· 10

スライドをファイルに保存 / 保存したスライドをPowerPointで開く /
ファイルの上書き保存 / 名前を付けて保存 / OneDriveについて

Step 03 PowerPoint の画面構成 ········· 14

PowerPointの画面構成 / タブの選択とリボンの表示 / 表示倍率の変更 /
表示方法の指定

Step 04 スライドの追加と箇条書き ········· 18

ファイルに保存されるスライド / 新しいスライドの追加 /
コンテンツの領域の文字入力 / 箇条書きのレベルの変更

Step 05 スライドのデザイン ········· 22

スライドにテーマを適用 / テーマの変更 / バリエーションの指定

Step 06 文字の書式指定（1） ········· 26

文字の書式を指定する手順 / フォントの指定 / 文字サイズの指定 /
文字色の指定 / テーマと文字の書式

Step 07 文字の書式指定（2） ········· 30

太字、斜体、下線、影などの指定 / 文字間隔の指定 /
アルファベットの大文字と小文字 /「フォント」ウィンドウの利用

Step 08 段落の書式指定（1） ········· 34

段落の書式を指定する手順 / 行頭文字の変更 / 行頭文字の削除 /
段落番号の利用

Contents

Step 09 段落の書式指定（2） 38

行揃えの指定 ／ 行間の指定 ／ 文字の配置の指定 ／ 縦書きの指定 ／
「段落」ウィンドウの利用

Step 10 スライドとコンテンツの領域の操作 42

スライドの並べ替え ／ スライドの削除 ／ 好きな位置にスライドを挿入 ／
コンテンツの領域からはみ出した文字 ／
コンテンツの領域の移動とサイズ変更 ／ コンテンツの領域を元の状態に戻す

Step 11 画像や動画の挿入 46

コンテンツの領域に画像を挿入 ／ スライドに画像を挿入 ／
［書式］タブで画像を編集 ／ コンテンツの領域に動画を挿入

Step 12 表の作成と編集（1） 50

コンテンツの領域に表を作成 ／ 表内の文字入力 ／ 表のサイズ変更と移動 ／
スライドに表を挿入 ／ 列や行の追加 ／ 列や行の削除

Step 13 表の作成と編集（2） 54

表のデザインの指定 ／ 見出しの行と列の指定 ／ セル内の文字の配置 ／
表内の文字の書式

Step 14 表の作成と編集（3） 58

セルの幅や高さの変更 ／ 幅や高さを均一に揃える ／ セルの背景色の指定 ／
罫線の書式指定 ／ 罫線の削除

Step 15 グラフの作成と編集（1） 62

コンテンツの領域にグラフを作成 ／ グラフのサイズ変更と移動

Step 16 グラフの作成と編集（2） 66

グラフに表示する要素 ／ グラフ要素の配置 ／ グラフ スタイルの変更 ／
グラフ フィルターの活用

Step 17　グラフの作成と編集（3） ················ **70**

色の変更 / 系列の色と線の書式指定 / 書式設定画面の表示 /
グラフ内の文字の書式

Step 18　SmartArt の作成と編集（1） ············ **74**

SmartArt とは…？ / コンテンツの領域に SmartArt を作成 /
SmartArt の文字入力 / スライドに SmartArt を挿入 /
SmartArt のサイズ変更と移動

Step 19　SmartArt の作成と編集（2） ············ **78**

図形内の文字の書式 / SmartArt に図形を追加 /
レベルを指定した図形の追加 / SmartArt から図形を削除

Step 20　SmartArt の作成と編集（3） ············ **82**

色の変更 / スタイルの変更 / 図形のスタイル /
図形の色、枠線、効果の指定

Step 21　図形の描画 ······································ **86**

図形の描画 / 図形のサイズ変更と移動 / 図形の書式指定 /
図形のスタイル

Step 22　テキストボックスの活用 ···················· **90**

テキストボックスの利用 / テキストボックスのサイズ変更と移動 /
テキストボックスの書式指定 / 図形内に文字を入力 / 図形内の文字の配置

Step 23　スライドショーとリハーサル ··············· **94**

スライドショーの実行 / リハーサルの実行 /
表示しないスライドの指定 / スライドショーを大画面に表示するには…？

Step 24　画面切り替えの指定 ·························· **98**

画面切り替えの指定 / 速度と効果音の指定 / 画面切り替えの確認 /
画面切り替えの解除

Contents

Step 25 アニメーションの指定 ･･････････････････ 102

スライド内のアニメーションとは…？ /
スライド内のアニメーションの指定 / アニメーションの変更と解除

Step 26 配布資料の作成 ････････････････････････ 106

印刷プレビューの表示 / 印刷の設定 / 印刷の実行

Step 27 発表用原稿の作成 ･･････････････････････ 110

発表用原稿の入力 / ノートの画面表示 /
ノートに入力した文字の書式指定 / ノートの印刷

Step 28 ヘッダーとフッター ････････････････････ 114

ヘッダー・フッターとは…？ / スライドのフッター /
ノート、配布資料のヘッダー・フッター

Step 29 発表者ビューの操作 ････････････････････ 118

発表者ビューの表示 / 発表者ビューの画面構成 /
レーザーポインターの利用 / スライドの一覧表示 / スライドの拡大表示 /
その他の機能

Step 30 数式の入力 ････････････････････････････ 122

数式作成の準備 / 数式の入力手順 / カッコの入力 / 記号と特殊文字 /
数式の書式と配置 / テキストボックスを利用した数式作成

索引 ･･ 126

※演習問題の解答は、以下のWebページに掲載してあります。
http://www.cutt.jp/books/pp2016_834/

Step 01 タイトル スライドの作成

PowerPointは、発表で使用するスライドを作成するためのアプリケーションです。最初の演習項目となるステップ01では、PowerPointの概要、起動方法、タイトル スライドの作成について学習します。

● PowerPointの役割

 用語解説

プレゼンテーション
発表のことを「プレゼンテーション」という場合もあります。また、発表に活用できるアプリケーションという意味で、PowerPointのことをプレゼンテーション アプリと呼ぶ場合もあります。

　研究成果などの発表を行うときは、スライドを提示しながら発表内容を説明していくのが一般的です。もちろん、発表用のスライドは事前に作成しておかなければいけません。このスライド作成に使用するアプリケーションがPowerPointとなります。
　PowerPointには、表やグラフ、図表などを手軽に作成できる機能が用意されているため、見た目にわかりやすいスライドを短時間で作成できます。そのほか、配布資料の作成、発表時に読み上げる原稿の作成など、発表に関連する一連の作業を行えるのもPowerPointの特長です。自分が発表を行う際に、発表用の資料をスムーズに作成できるように、PowerPointの操作方法をしっかりと学習してください。

● PowerPointの起動

　それでは、PowerPointの具体的な使い方を解説していきましょう。まずは、PowerPointを起動するときの操作手順から解説します。

 ワンポイント

スタート画面から起動
「PowerPoint 2016」のタイルがスタート画面に表示されている場合は、このタイルをクリックしてPowerPointを起動しても構いません。

図1-1　デスクトップの左下にある [スタート] ボタンをクリックします。続いて、アプリの一覧から「PowerPoint 2016」を選択してPowerPointを起動します。

● PowerPointの起動画面

PowerPointを起動すると、図1-2のような画面が表示されます。ここで「新しいプレゼンテーション」をクリックすると、何も入力されていない白紙のスライド（タイトル スライド）が画面に表示されます。

図1-2 起動直後の画面

● タイトル スライドの作成

上記の手順でPowerPointを起動すると、図1-3のような画面が表示されます。ここでは、発表時に最初に表示するタイトル スライドを作成します。「○○を入力」と表示されている領域をクリックして、発表内容のタイトル（表題）とサブタイトル（副題）を入力します。

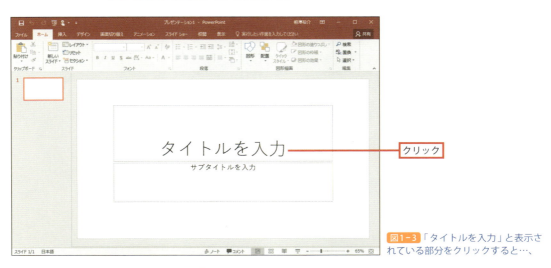

図1-3 「タイトルを入力」と表示されている部分をクリックすると…、

Step 01　タイトル スライドの作成 | **7**

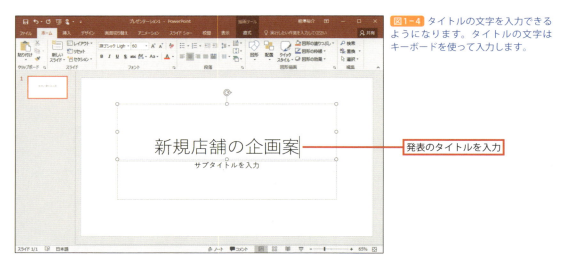

図1-4 タイトルの文字を入力できるようになります。タイトルの文字はキーボードを使って入力します。

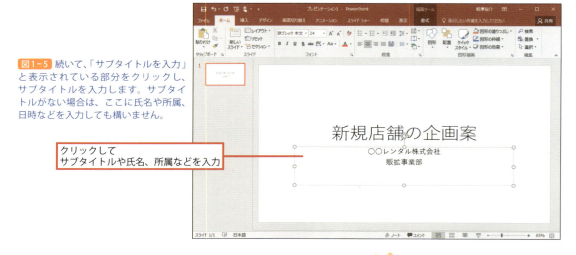

図1-5 続いて、「サブタイトルを入力」と表示されている部分をクリックし、サブタイトルを入力します。サブタイトルがない場合は、ここに氏名や所属、日時などを入力しても構いません。

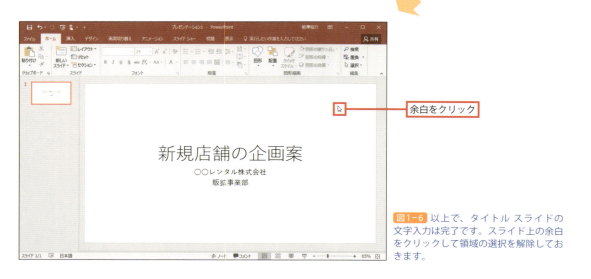

図1-6 以上で、タイトル スライドの文字入力は完了です。スライド上の余白をクリックして領域の選択を解除しておきます。

8

● 入力した文字の修正

スライドに入力した文字はいつでも修正できます。文字を修正するときは、その文字上をクリックし、キーボードとマウスを使って文字編集を行います。

図1-7 修正したい文字をクリックすると、その領域内にカーソルが表示されるので、マウスやキーボードを使って文字を修正します。

クリックして文字を修正

● 以降のスライド編集について

作成したタイトル スライドは背景が白一色のため、味気ない感じがします。これを見栄えよくデザインする方法は、本書のステップ05で詳しく解説します。また、タイトル スライドに続くスライドを作成していく必要もあります。この作成方法については、ステップ04以降で詳しく解説します。

図1-8 PowerPointには、何十種類ものテーマが用意されています。これらのテーマを適用すると、スライド全体のデザインを簡単に変更できます（詳しくはステップ05で解説）。

―――――――― 演 習 ――――――――

(1) PowerPointを起動し、右の図のようにタイトル スライドを作成してみましょう。

(2) 演習（1）で作成したスライドのタイトルを「**タバコと健康**」に修正してみましょう。

Step 01　タイトル スライドの作成

ファイルの保存と読み込み

PowerPointで作成したスライドはファイルに保存して管理します。続いては、スライドをファイルに保存する方法、ならびに保存したファイルからスライドを読み込む方法について解説します。

●スライドをファイルに保存

タイトル スライドを作成できたら、とりあえずスライドをファイルに保存しておきましょう。スライドをファイルに保存するときは、［ファイル］タブを選択して以下のように操作します。

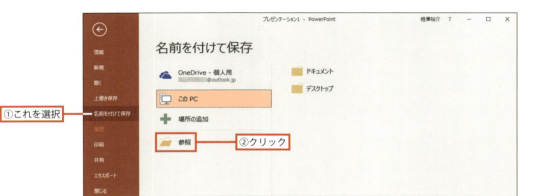

図2-1 ［ファイル］タブを選択します。

図2-2 左側のメニューから「名前を付けて保存」を選択します。続いて、「参照」をクリックします。

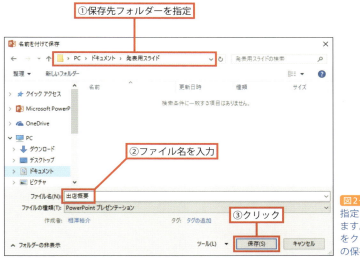

図2-3 保存先フォルダーを指定し、ファイル名を入力します。続いて、[保存]ボタンをクリックすると、ファイルの保存が実行されます。

● 保存したスライドをPowerPointで開く

ファイルを保存できたら、いちどPowerPointを終了し、ファイルを正しく開けるか確認してみましょう。保存したファイルのアイコンをダブルクリックすると、そのファイルをPowerPointで開くことができます。

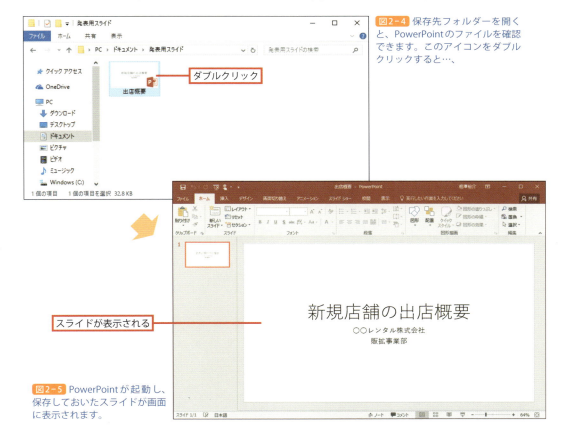

図2-4 保存先フォルダーを開くと、PowerPointのファイルを確認できます。このアイコンをダブルクリックすると…、

図2-5 PowerPointが起動し、保存しておいたスライドが画面に表示されます。

Step 02　ファイルの保存と読み込み　**11**

● ファイルの上書き保存

ワンポイント

[Ctrl]＋[S]キー
上書き保存の操作をキーボードで行うことも可能です。この場合は、[Ctrl]キーを押しながら[S]キーを押します。便利な操作方法なので、ぜひ覚えておいてください。

スライドに何らかの修正を加えたときは、ファイルの**上書き保存**を実行し、ファイルの内容を更新しておく必要があります。この操作は、[ファイル]タブを選択し、**「上書き保存」**をクリックすると実行できます。

図2-6 ファイルの上書き保存

● 名前を付けて保存

現在のファイルを維持したまま、編集中のスライドを別のファイルに保存することも可能です。この場合は[ファイル]タブにある**「名前を付けて保存」**を選択し、P10～11と同様の手順（新規にファイルを保存する場合の手順）で操作を行います。

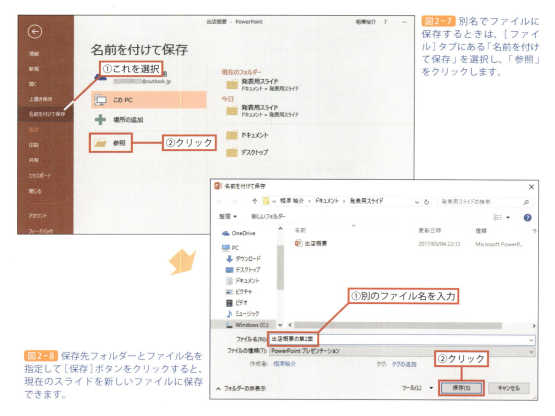

図2-7 別名でファイルに保存するときは、[ファイル]タブにある「名前を付けて保存」を選択し、「参照」をクリックします。

図2-8 保存先フォルダーとファイル名を指定して[保存]ボタンをクリックすると、現在のスライドを新しいファイルに保存できます。

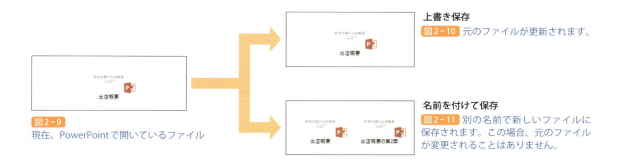

上書き保存
図2-10 元のファイルが更新されます。

名前を付けて保存
図2-11 別の名前で新しいファイルに保存されます。この場合、元のファイルが変更されることはありません。

図2-9 現在、PowerPointで開いているファイル

● OneDriveについて

　　PowerPointには、ファイルをOneDriveに保存する機能も用意されています。OneDriveとは、マイクロソフトが提供する無料のクラウド ストレージのことで、インターネット上にファイルを保存できるサービスとなります。自宅のパソコンだけでなく学校や職場などにあるパソコンでもスライドの閲覧や編集を行いたい場合は、このOneDriveにファイルを保存しておくとよいでしょう。

　　（※）OneDriveを利用するには、Microsoftアカウントを取得し、サインインしておく必要があります。

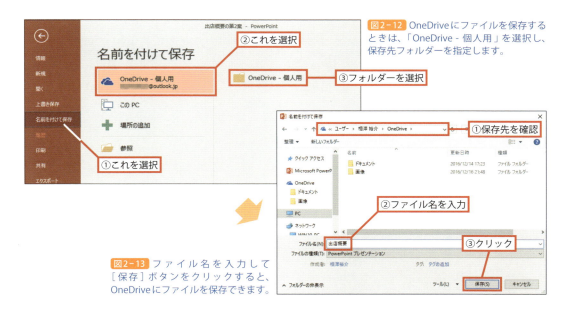

図2-12 OneDriveにファイルを保存するときは、「OneDrive - 個人用」を選択し、保存先フォルダーを指定します。

図2-13 ファイル名を入力して［保存］ボタンをクリックすると、OneDriveにファイルを保存できます。

―― 演 習 ――

(1) タイトルに「**タバコと健康**」、サブタイトルに「**喫煙の現状と被害**」と入力したタイトル スライドを作成し、ファイルに保存してみましょう。
(2) いちどPowerPointを終了したあと、**演習（1）**で保存したファイルをダブルクリックし、スライドを開いてみましょう。
(3) 続いて、スライドのサブタイトルを「**喫煙の現状と対策**」に変更し、**上書き保存**してみましょう。

Step 02　ファイルの保存と読み込み　**13**

Step 03 PowerPointの画面構成

続いては、PowerPointの画面構成について解説します。PowerPointをスムーズに操作できるように、各部の名称と機能をできるだけ早く覚え、基本的な操作手順を習得してください。

● PowerPointの画面構成

　タイトル スライドをファイルに保存できたら、次は2枚目以降のスライドを作成していきますが、その前にPowerPointの画面構成について説明しておきましょう。

　PowerPointのウィンドウは以下のような構成になっており、ウィンドウ上部に**タブ**と**リボン**、ウィンドウの左側に**スライド一覧**が表示されています。ウィンドウ中央には編集中のスライドが表示されます。また、ウィンドウ下部にある「ノート」をクリックすると、発表用原稿などを記入できる**ノートの領域**を表示できます。

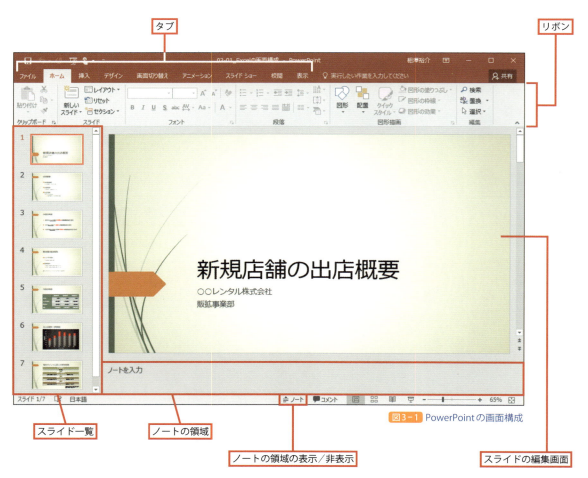

図3-1 PowerPointの画面構成

ワンポイント

リボンの表示
リボンに表示されるコマンドは、ウィンドウの幅に応じて配置が変化します。ウィンドウの幅を小さくすると、各コマンドのアイコンが小さく表示される場合があることに注意してください。

◆ タブ
ここで大まかな操作内容を指定します。選択したタブに応じてリボンの表示内容が変化します。なお、ファイルの保存や印刷などを行うときは、ここで［ファイル］タブを選択します。

◆ リボン
さまざまな操作コマンドが表示される領域です。ここに表示される内容は、選択しているタブに応じて変化します。

◆ スライド一覧
作成したスライドが一覧表示されます。編集するスライドを選択したり、スライドの順番を並べ替えたりするときに利用します。

◆ スライドの編集画面
編集中のスライドが表示されます。スライドを作成するときは、ここでスライドの内容を確認しながら作業を進めていきます。

◆ ノートの領域
編集中のスライドに対してメモを記述できる領域です。発表時に読み上げる原稿の作成場所として利用できます。ウィンドウ下部にある「ノート」をクリックして表示/非表示を切り替えます。

タブの選択とリボンの表示

先ほど説明したように、リボンに表示されるコマンドは選択しているタブに応じて変化します。このため、実際に操作を行うときは、「タブで大まかな操作を選択」→「リボンで操作コマンドを選択」という手順で操作を進めるのが基本です。

図3-2 ［挿入］タブを選択した場合のリボンの表示

図3-3 ［デザイン］タブを選択した場合のリボンの表示

Step 03　PowerPointの画面構成

● 表示倍率の変更

ワンポイント

表示倍率を数値で指定
「○○％」と表示されている部分をマウスでクリックすると、「ズーム」ウィンドウが表示され、ワークシートの表示倍率を数値（％）で指定できるようになります。

ウィンドウ内に表示されているスライド（編集中のスライド）は、その表示倍率を自由に変更できます。表示倍率を変更するときは、ウィンドウ右下にある**ズーム**を操作します。

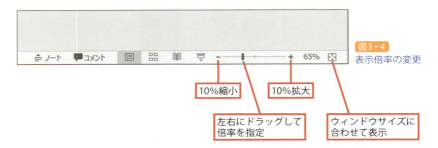

図3-4 表示倍率の変更

10％縮小
10％拡大
左右にドラッグして倍率を指定
ウィンドウサイズに合わせて表示

小さい文字を編集する場合は、スライドの表示倍率を拡大すると作業を進めやすくなります。元の表示倍率に戻すときは 🔲 をクリックします。すると、表示倍率が自動調整され、ウィンドウサイズに合わせてスライド全体が表示されます。

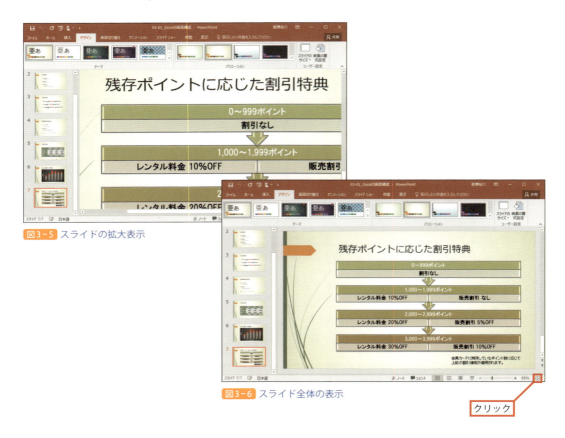

図3-5 スライドの拡大表示

図3-6 スライド全体の表示

クリック

また、**スライド一覧**の表示を拡大／縮小することも可能です。この場合は、「スライド一覧」と「スライドの編集画面」を区切る枠線を左右にドラッグします。

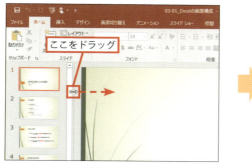 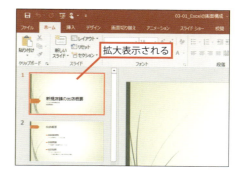

図3-7 スライド一覧の拡大表示

● 表示方法の指定

　　　　PowerPointには4種類の表示方法が用意されています。これらの表示方法は、ウィンドウ右下にある4つのアイコンで切り替えます。

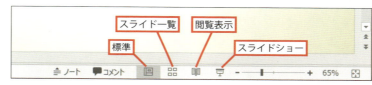

図3-8 表示方法の指定

◆ 標準
　最も標準的な表示方法です。スライドの作成や編集を行うときは、この表示方法で作業を進めていきます。

◆ スライド一覧
　作成したスライドを一覧形式で表示します。リハーサル機能で記録した切り替えタイミングを確認する場合などに利用します。

◆ 閲覧表示
　ウィンドウ全体にスライドを1枚ずつ表示します。スライドショーの動作をウィンドウ内で確認する場合などに利用します。

◆ スライドショー（ステップ23で詳しく解説）
　作成したスライドを1枚ずつ画面全体に表示します。この表示方法は、実際に発表を行うときに利用します。

(1) ［挿入］～［表示］タブを順番に選択し、リボンの表示を確認してみましょう。
(2) ステップ02の演習（3）で保存したファイルを開き、スライドの表示倍率を150%まで拡大してみましょう。その後、元の表示倍率に戻してみましょう。

Step 03　PowerPointの画面構成　**17**

Step 04 スライドの追加と箇条書き

ここからは、2枚目以降のスライドを作成するときに必要となる操作を解説していきます。まずは、スライドを追加する方法、ならびに箇条書きで文章を入力するときの操作手順を解説します。

● ファイルに保存されるスライド

　実際に発表を行うときは、タイトル スライドに続けて「目的」「概要」「調査方法」「調査結果」「結論」などのスライドを順番に示しながら発表内容を説明していくのが一般的です。このため、発表する内容に応じて何枚かのスライドを作成しておく必要があります。

　作成したスライドは、1つのファイル（**プレゼンテーション ファイル**）にまとめて保存します。この作業を行うにあたり特別な操作は何もありません。P12で解説したように**上書き保存**を実行するだけで、作成したスライド群を1つのファイルにまとめて保存できます。

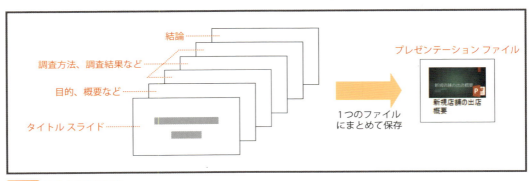

図4-1 スライド構成の例

● 新しいスライドの追加

　新たにスライドを追加するときは、[ホーム]タブにある「**新しいスライド**」を利用し、以下のように操作します。

図4-2 [ホーム]タブにある「新しいスライド」のアイコンをクリックします。

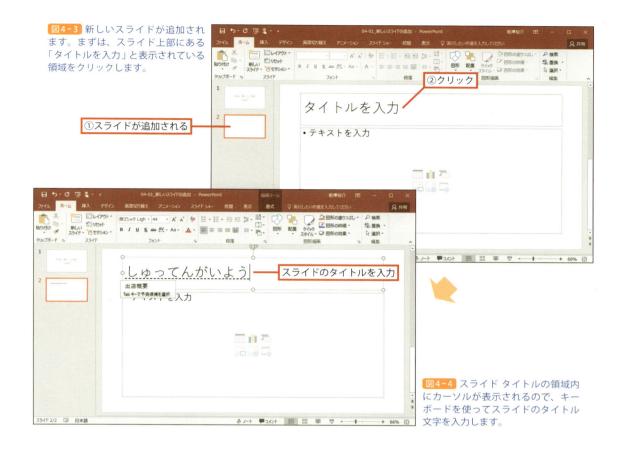

図4-3 新しいスライドが追加されます。まずは、スライド上部にある「タイトルを入力」と表示されている領域をクリックします。

図4-4 スライド タイトルの領域内にカーソルが表示されるので、キーボードを使ってスライドのタイトル文字を入力します。

● コンテンツの領域の文字入力

新しく挿入したスライドには、**コンテンツ**と呼ばれる領域が用意されています。続いては、この領域に文字を入力するときの操作手順を解説します。

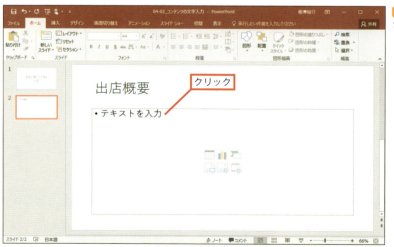

図4-5 「テキストを入力」と表示されている領域をクリックします。

Step 04 スライドの追加と箇条書き | 19

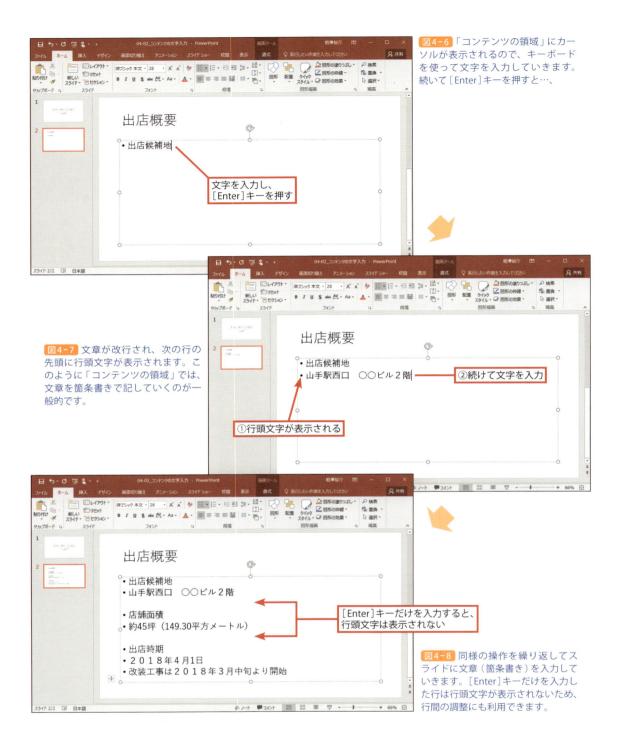

図4-6 「コンテンツの領域」にカーソルが表示されるので、キーボードを使って文字を入力していきます。続いて［Enter］キーを押すと…、

図4-7 文章が改行され、次の行の先頭に行頭文字が表示されます。このように「コンテンツの領域」では、文章を箇条書きで記していくのが一般的です。

図4-8 同様の操作を繰り返してスライドに文章（箇条書き）を入力していきます。［Enter］キーだけを入力した行は行頭文字が表示されないため、行間の調整にも利用できます。

● 箇条書きのレベルの変更

「コンテンツの領域」では、箇条書きを階層構造にすることも可能です。**箇条書きのレベル**を変更するときは、その段落内にカーソルを移動し、［**ホーム**］タブにある （**インデントを増やす**）をクリックします。

20

ワンポイント

レベルを元に戻す
下位レベルに変更した箇条書きを元のレベル（上位レベル）に戻すときは、その段落内にカーソルを移動し、［ホーム］タブにある をクリックします。

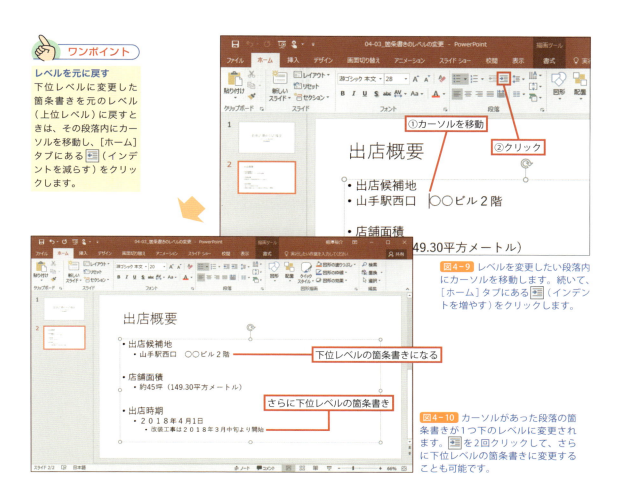

図4-9 レベルを変更したい段落内にカーソルを移動します。続いて、［ホーム］タブにある をクリックします。

図4-10 カーソルがあった段落の箇条書きが1つ下のレベルに変更されます。![] を2回クリックして、さらに下位レベルの箇条書きに変更することも可能です。

演 習

（1）**ステップ02の演習（3）**で保存したファイルを開き、**新しいスライド**を追加してみましょう。
（2）追加したスライドに以下のような文章を入力し、**箇条書きのレベル**を変更してみましょう。

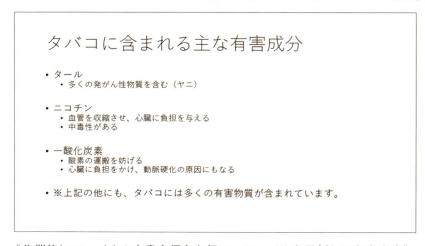

《作業後にファイルの上書き保存を行い、ファイルを更新しておきます》

Step 04　スライドの追加と箇条書き　**21**

スライドのデザイン

続いては、スライドのデザインを変更するときの操作手順を解説します。PowerPointにはテーマが用意されているため、スライドのデザインを手軽に指定することができます。

●スライドにテーマを適用

作成したスライドのデザインを変更するときは、スライドにテーマを適用します。すると、適用したテーマに合わせてスライドの背景や配色、フォント、タイトルの配置などが自動調整され、見た目に美しいスライドに仕上がります。スライドにテーマを適用するときは、以下のように操作します。

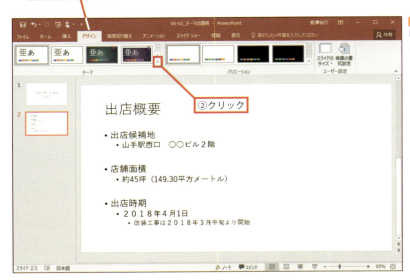

図5-1 [デザイン]タブを選択し、「テーマ」の領域にある▼をクリックします。

図5-2 テーマの一覧が表示されるので、好きなデザインのテーマをクリックして選択します。

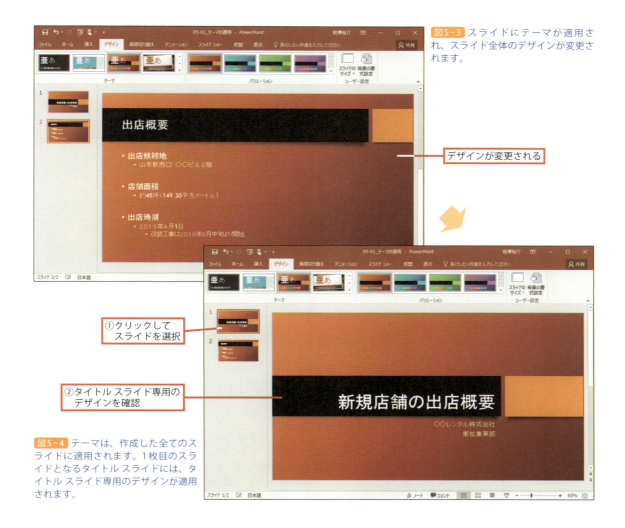

図5-3 スライドにテーマが適用され、スライド全体のデザインが変更されます。

図5-4 テーマは、作成した全てのスライドに適用されます。1枚目のスライドとなるタイトル スライドには、タイトル スライド専用のデザインが適用されます。

● テーマの変更

スライドに適用した**テーマ**はいつでも自由に変更できます。この操作手順は、先ほど解説した手順と同じです。

図5-5 [デザイン]タブの「テーマ」の領域にある ▼ をクリックし、一覧から変更後のテーマを選択します。

Step 05 スライドのデザイン | 23

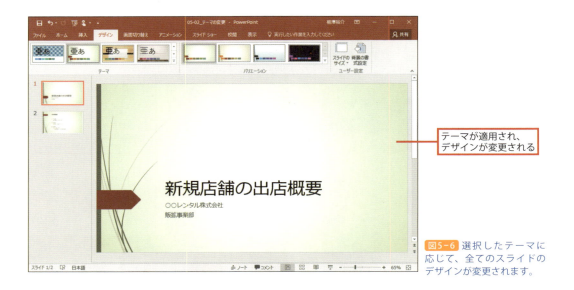

図5-6 選択したテーマに応じて、全てのスライドのデザインが変更されます。

● バリエーションの指定

　各テーマには、スライドのデザインをカスタマイズできる**バリエーション**が用意されています。この機能は、現在のデザインをそのまま使用し、配色だけを変更する場合などに活用できます。

図5-7 各テーマには4種類前後のバリエーションが用意されています。これらのアイコンをクリックすると、スライドの配色などを変更できます。

　また、「バリエーション」の領域にある▼をクリックし、**配色**や**フォント**、**効果**、**背景**の**スタイル**を細かく指定することも可能です。スライドのデザインをカスタマイズする方法として覚えておいてください。

ワンポイント

効果とは…?
「効果」とは、グラフや図表などを立体的に表示したときの表現方法（影やグラデーションなど）を指定する書式となります。

24

図5-8 「バリエーション」の ▼ をクリックすると、このような項目が表示されます。

変更する項目を選択

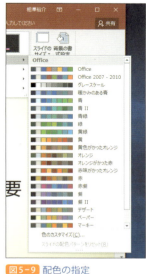

図5-9 配色の指定

図5-10 フォントの指定

図5-11 背景のスタイルの指定

―――― 演 習 ――――

(1) **ステップ04の演習(2)** で保存したファイルを開き、スライドに**「インテグラル」**の**テーマ**を適用してみましょう。
(2) その後、スライドの**テーマ**を**「イオン」**に変更してみましょう。
(3) 続いて、スライドの**配色**を**「赤」**に変更してみましょう。

演習(1)

演習(3)

《作業後にファイルの上書き保存を行い、ファイルを更新しておきます》

Step 05 スライドのデザイン | **25**

Step 06 文字の書式指定（1）

続いては、フォントや文字サイズ、文字色といった「文字の書式」を指定する方法を学習します。これらの書式は［ホーム］タブにあるリボンを利用して指定します。

● 文字の書式を指定する手順

スライドに**テーマ**を適用すると、そのデザインに合わせて**フォント**や**文字色**などが自動的に変更されます。このため、特に文字の書式を指定しなくても最適なデザインに仕上げることができます。ただし、文字サイズが小さすぎる場合や特定の文字だけを強調して示したい場合などは、自分で文字の書式を指定しなければいけません。文字の書式を指定するときは、以下のような手順で操作するのが基本です。

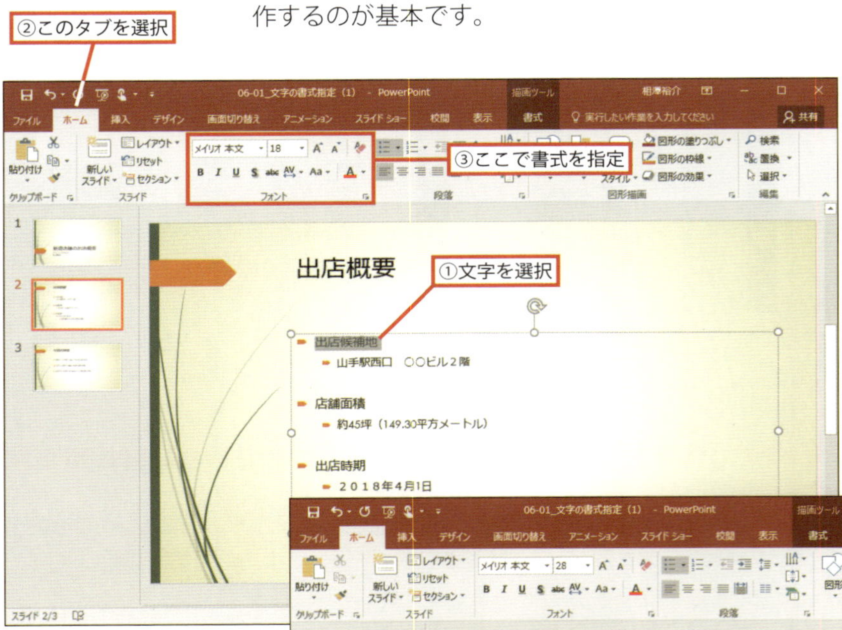

図6-1 書式を変更する文字をドラッグして選択します。続いて、［ホーム］タブにある「フォント」の領域を利用して書式を指定します。

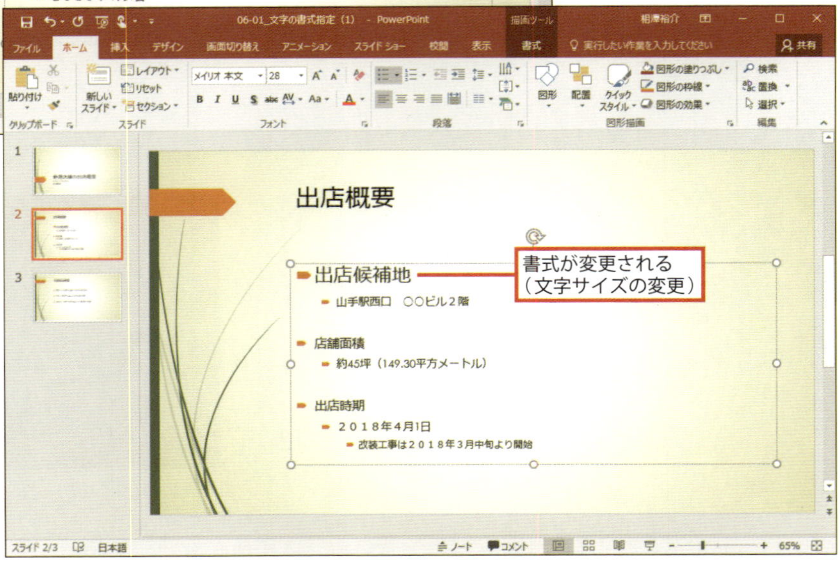

図6-2 選択していた文字が指定した書式に変更されます。

26

● フォントの指定

　ここからは、個々の書式について解説していきます。まずは、**フォント**を指定する方法から解説します。フォントを変更するときは、[**ホーム**]**タブ**にある メイリオ本文 ▼ (**フォント**)の▼をクリックし、一覧からフォントを選択します。

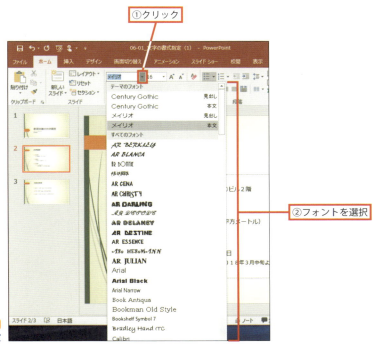

図6-3
フォントの指定

図6-4
代表的なフォント

　なお、フォントは**日本語フォント**と**欧文フォント**の2種類があります。このうち、欧文フォントは半角文字だけに適用できるフォントとなることに注意してください。全角文字に対して欧文フォントを指定することはできません。

Step 06　文字の書式指定（1）　**27**

● 文字サイズの指定

用語解説

ポイント
ポイントは文字サイズなどを指定するときによく利用される単位で、1ポイント＝1/72inch（約0.353mm）となります。たとえば、12ポイントの文字は、約4.2mm四方の文字サイズになります。

　文字サイズを変更するときは、[ホーム]タブにある 18 （フォント サイズ）の ▾ をクリックし、一覧から文字サイズを選択します。また、このボックス内に数値を直接入力して文字サイズを指定することも可能です。

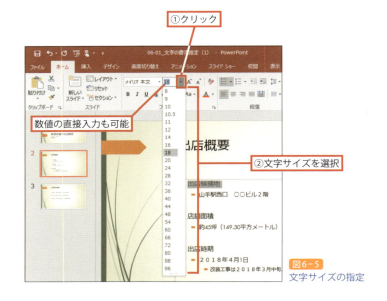

図6-5 文字サイズの指定

● 文字色の指定

　文字色を指定するときは、[ホーム]タブにある A （フォントの色）の ▾ をクリックし、一覧から色を選択します。なお、この一覧に表示されていない色を指定するときは「その他の色」を選択し、「色の設定」ウィンドウで文字色を指定します。

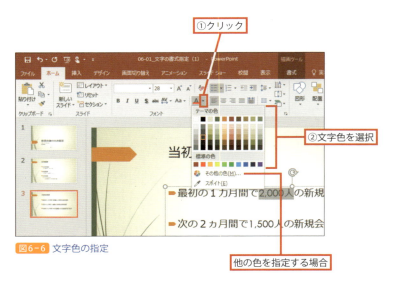

図6-6 文字色の指定

図6-7 「色の設定」ウィンドウ

● テーマと文字の書式

前述したように、テーマを変更すると、それに応じてフォントや文字色が自動的に変更されます。ただし、自分で書式を指定した文字は、その例外となる場合があることに注意してください。テーマに応じてフォントや文字色を変化させるには、以下に示したフォントや色を指定する必要があります。これら以外を指定した場合は、テーマに関係なく、指定したフォントや文字色がそのまま引き継がれます。

図6-8 テーマに応じてフォントを変化させる場合は、「テーマのフォント」の中からフォントを選択します。

図6-9 テーマに応じて文字色を変化させる場合は、「テーマの色」の中から文字色を選択します。

―――――――――――――― 演 習 ――――――――――――――

(1) ステップ05の演習(3)で保存したファイルを開き、2枚目のスライドにある「タール」、「ニコチン」、「一酸化炭素」の文字のフォントを「HGゴシックE」に変更してみましょう。
(2) 「※上記の他にも、タバコには…」の文字サイズを14ポイントに変更してみましょう。
(3) 「発がん性物質」の文字色を「赤」に変更してみましょう。

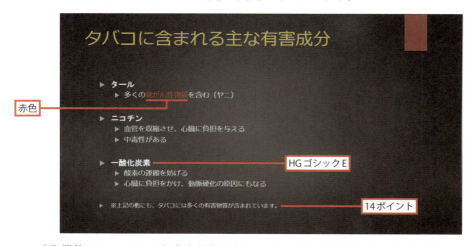

《作業後にファイルの上書き保存を行い、ファイルを更新しておきます》

Step 07 文字の書式指定（2）

PowerPointには、フォントや文字サイズ、文字色のほかに、太字／斜体／下線／影や文字間隔を指定できる書式が用意されています。続いては、これらの書式を指定する方法を学習します。

● 太字、斜体、下線、影などの指定

PowerPointには、文字を**太字**や*斜体*にしたり、下線や影を付けたりする書式も用意されています。これらの書式を指定するときは、［ホーム］タブにある以下のアイコンを利用します。各アイコンをクリックするごとに、その書式の有効／無効が切り替わります。

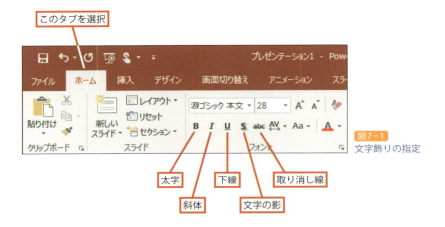

図7-1 文字飾りの指定

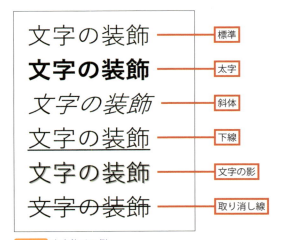

図7-2 文字飾りの例

30

● 文字間隔の指定

ワンポイント

間隔が調整される位置
この書式は「選択した文字」の右側の間隔を調整する書式となります。たとえば、「東北地方」という文字を等間隔に広げる（または狭める）場合は、「東北地」の文字だけを選択した状態で文字間隔を指定しなければいけません。

　文字と文字の間隔を調整したい場合は、📊（**文字の間隔**）をクリックして、一覧から間隔を選択します。また、ここで「**その他の間隔**」を選択すると「**フォント**」**ウィンドウ**が表示され、文字間隔を数値で指定できるようになります（P33参照）。

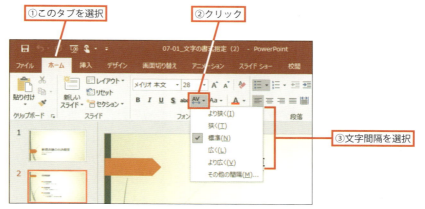

図7-3　文字間隔の指定

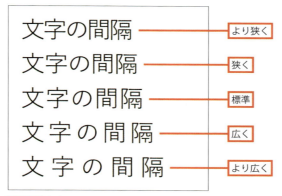

図7-4　文字間隔の例

● アルファベットの大文字と小文字

　スライドに適用した<u>テーマ</u>によっては、入力したアルファベットが全て大文字で表示されてしまう場合があります。これを小文字表記に戻す場合などに使用するのが📊（**文字種の変換**）です。📊の一覧には、次ページに示したような項目が用意されており、アルファベットの表示方法を自由に変更できます。

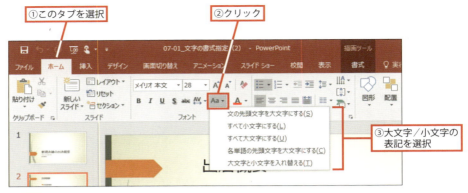

図7-5 大文字/小文字の指定

●「フォント」ウィンドウの利用

　文字の書式を「フォント」ウィンドウで指定することも可能です。このウィンドウは、[ホーム]タブの「フォント」の領域にある をクリックすると表示できます。

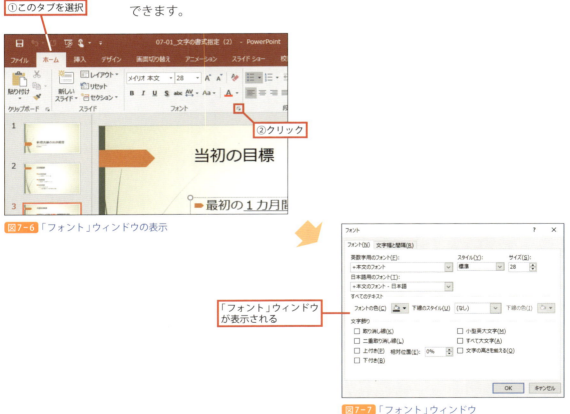

図7-6 「フォント」ウィンドウの表示

図7-7 「フォント」ウィンドウ

　このウィンドウの[フォント]タブには、次ページのような文字の書式が用意されています。「H_2O」や「x^2」のように、**上付き**または**下付き**の文字を使用するときは、ここで書式を指定します。

32

図7-8
［フォント］タブ

また、［文字幅と間隔］タブには、文字と文字の間隔を数値（ポイント単位）で指定できる項目が用意されています。

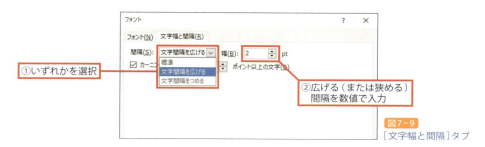

図7-9
［文字幅と間隔］タブ

(1) **ステップ06の演習（3）**で保存したファイルを開き、2枚目のスライドにある「**発がん性物質**」「**中毒性**」「**動脈硬化**」の文字を**太字**にしてみましょう。
(2) 「**心臓に負担**」（2ヶ所）の文字に**下線**を引いてみましょう。

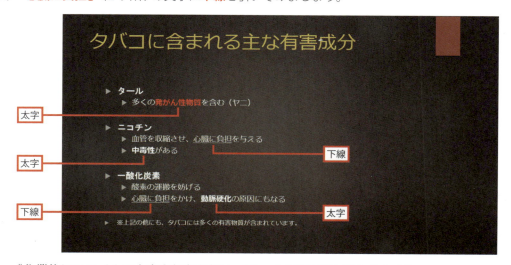

《作業後にファイルの上書き保存を行い、ファイルを更新しておきます》

Step 08 段落の書式指定（1）

ステップ08では、段落を1つの単位として指定する「段落の書式」について学習します。段落の書式を指定するときは、［ホーム］タブのリボンにある「段落」の領域を利用します。

● 段落の書式を指定する手順

段落の書式を指定するときは、その段落内にある文字を選択するか、もしくは段落内にカーソルを移動した状態で書式指定を行います。まずは、段落の書式を指定するときの基本的な操作手順を紹介します。

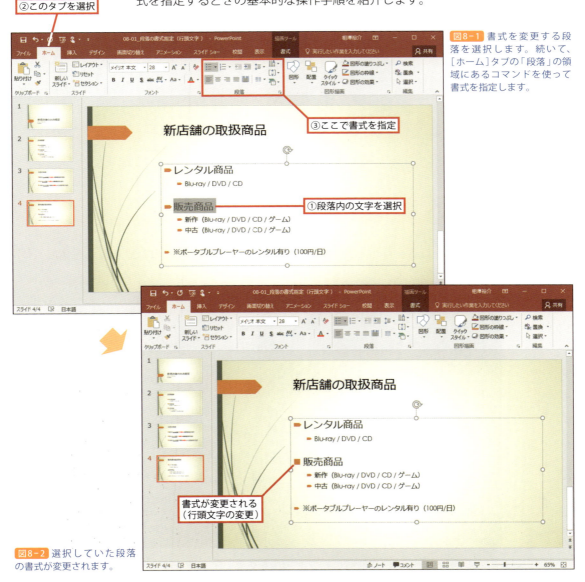

図8-1 書式を変更する段落を選択します。続いて、［ホーム］タブの「段落」の領域にあるコマンドを使って書式を指定します。

図8-2 選択していた段落の書式が変更されます。

● 行頭文字の変更

ワンポイント

テーマと行頭文字
行頭文字はテーマに応じて自動的に変化します。自動指定された行頭文字が気に入らなかった場合は、右に示した手順で行頭文字の書式を指定しなおす必要があります。

段落書式の中でよく利用されるのは、箇条書きに関連する書式です。まずは、各段落の先頭に表示されている行頭文字を他の文字に変更する方法から解説します。行頭文字は、[ホーム]タブにある ≡（箇条書き）の ▼ をクリックすると変更できます。

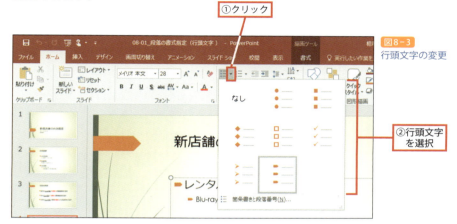

図8-3 行頭文字の変更

なお、この一覧で「箇条書きと段落番号」を選択すると、以下のような画面が表示され、行頭文字のサイズや色を自由に指定できるようになります。さらに、[ユーザー設定]ボタンや[図]ボタンをクリックして、一覧にない文字や画像を行頭文字に指定することも可能です。

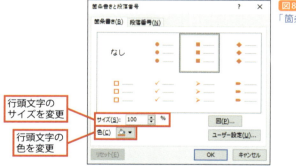

図8-4 「箇条書きと段落番号」ウィンドウ

図8-5 行頭文字に画像を指定するときは、[図]ボタンをクリックして画像の選択を行います。

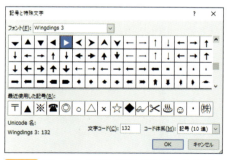

図8-6 [ユーザー設定]ボタンをクリックすると、一覧にはない文字を行頭文字に指定できます。

Step 08 段落の書式指定（1） **35**

● **行頭文字の削除**

段落の先頭に**行頭文字**を表示したくない場合は、☰（**箇条書き**）をクリックして箇条書きを無効にします。すると、選択していた段落の行頭文字が削除されます。なお、行頭文字を再び表示するときは、再度 ☰ をクリックして箇条書きを有効にします。

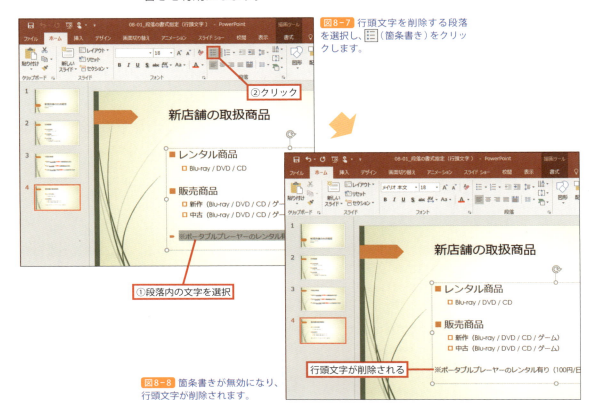

図8-7 行頭文字を削除する段落を選択し、☰（箇条書き）をクリックします。

図8-8 箇条書きが無効になり、行頭文字が削除されます。

● **段落番号の利用**

「1、2、3、…」や「a、b、c、…」のように連続する文字を行頭文字として指定することも可能です。この場合は ☰（**段落番号**）を利用します。

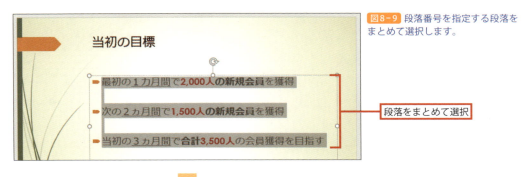

図8-9 段落番号を指定する段落をまとめて選択します。

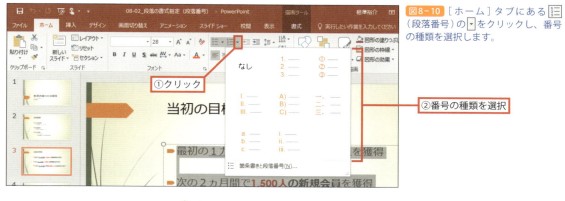

図8-10 ［ホーム］タブにある（段落番号）の▼をクリックし、番号の種類を選択します。

①クリック
②番号の種類を選択

ワンポイント

段落番号の解除
段落番号を指定した場合は、（段落番号）をクリックして無効にすると、行頭文字を削除できます。

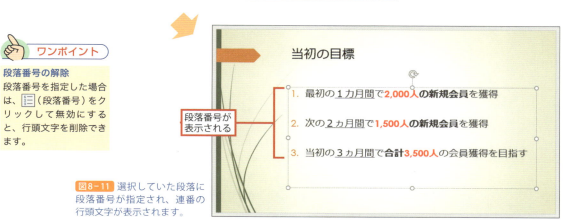

段落番号が表示される

図8-11 選択していた段落に段落番号が指定され、連番の行頭文字が表示されます。

演習

(1) **ステップ07の演習（2）**で保存したファイルを開き、2枚目のスライドにある「**タール**」「**ニコチン**」「**一酸化炭素**」の**行頭文字**を■に変更してみましょう。
(2) **下位レベル**の箇条書きの**行頭文字**を●に変更してみましょう。
(3) **演習（1）**で指定した■の行頭文字を「**100％**」のサイズに変更してみましょう。

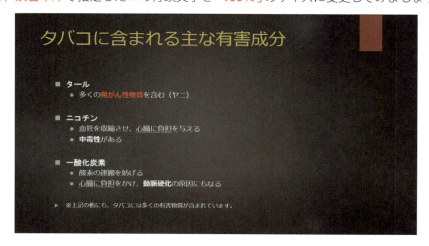

《作業後にファイルの上書き保存を行い、ファイルを更新しておきます》

Step 09 段落の書式指定（2）

ステップ08で解説した書式のほかにも、PowerPointには「段落の書式」がいくつか用意されています。続いては、「行揃え」や「行間」などを指定するコマンドについて解説します。

● 行揃えの指定

箇条書きを行わない場合に、文章を**中央揃え**や**右揃え**で配置したい場合もあると思います。このような場合は、［ホーム］タブにある以下のアイコンを使って段落の**行揃え**を指定します。

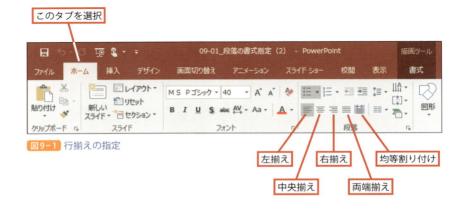

図9-1 行揃えの指定

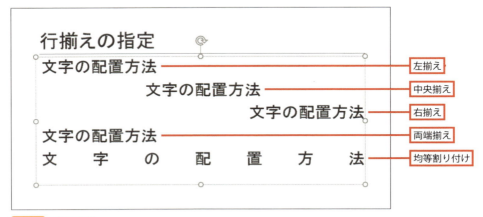

図9-2 行揃えの例

「左揃え」と「両端揃え」の配置はよく似ていますが、右端の処理方法が異なります。「両端揃え」を指定した場合は、文字と文字の間隔が自動調整され、左端だけでなく右端でも文字が揃えて配置されます。一方、「左揃え」は文字間隔の調整を行わないため、文章の右端が揃わない場合があります。何行にもわたって文章を記述するときは、両者の違いに注意してください。

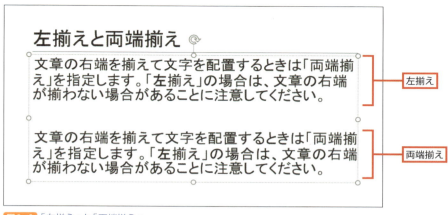

図9-3 「左揃え」と「両端揃え」

● 行間の指定

各段落の行間を変更するときは、[ホーム]タブにある（行間）をクリックし、行間の間隔を指定します。たとえば「2.0」を指定すると、行間を2倍の間隔に変更できます。

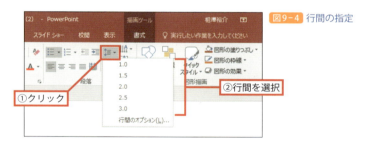

図9-4 行間の指定

● 文字の配置の指定

ワンポイント

段組みの指定
コンテンツの領域に「段組み」を指定することも可能です。段組みを指定するときは、[ホーム]タブにある（段組み）をクリックし、段数を選択します。

上下方向について文字の配置を変更したい場合は、[ホーム]タブにある（文字の配置）をクリックし、一覧から配置方法を選択します。なお、この書式は段落ではなく、領域全体に対して指定する書式となります。

図9-5 文字の配置の指定

Step 09　段落の書式指定（2）　**39**

● 縦書きの指定

文章を**縦書き**で配置することも可能です。文章の向きを変更するときは、（**文字列の方向**）をクリックし、一覧から最適な配置方法を選択します。なお、この書式も領域全体に対して指定する書式となります。

図9-6 横書き/縦書きの指定

●「段落」ウィンドウの利用

行間などを詳しく指定するときは、「**段落**」**ウィンドウ**を利用すると便利です。「段落」ウィンドウは、[**ホーム**]**タブ**のリボンで「段落」の領域にある をクリックすると表示できます。

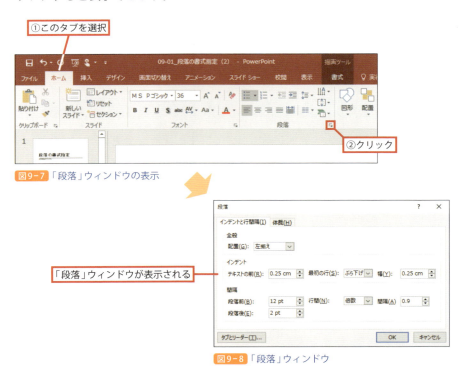

図9-7 「段落」ウィンドウの表示

図9-8 「段落」ウィンドウ

40

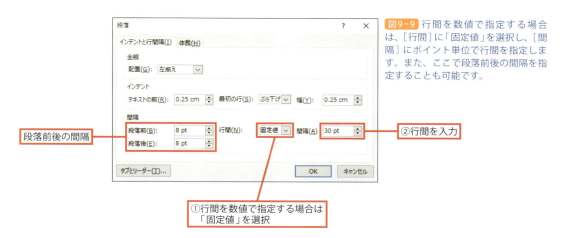

図9-9 行間を数値で指定する場合は、[行間]に「固定値」を選択し、[間隔]にポイント単位で行間を指定します。また、ここで段落前後の間隔を指定することも可能です。

 **用語解説**

禁則処理とぶら下げ
各行の先頭に句読点や"かっこ閉じ"などの記号を配置しないように調整する処理のことを「禁則処理」といいます。また、句読点が行末に来た場合に、句読点を右端に飛び出させて配置する処理のことを「ぶら下げ」といいます。

図9-10 [体裁]タブでは、禁則処理やぶら下げなどを指定できます。

 演 習

（1）**ステップ08の演習（3）**で保存したファイルを開き、2枚目のスライドにある「**※上記の他にも……含まれています。**」の段落の**行頭文字**を削除してみましょう。
（2）続いて、「**※上記の他にも……含まれています。**」の段落を**右揃え**で配置してみましょう。

行頭文字なし、右揃え

《作業後にファイルの上書き保存を行い、ファイルを更新しておきます》

スライドとコンテンツの領域の操作

ステップ10では、スライドの並べ替えや削除を行う方法を学習します。また、コンテンツの領域のサイズを変更したり、位置を移動したりする方法についてもこのステップで解説します。

● スライドの並べ替え

　スライドを作成するときは、発表時に提示する順番でスライドを作成していくのが基本です。とはいえ、途中でスライドの並び順を変更したくなる場合もあるでしょう。このような場合は、**スライド一覧**でスライドを上下に**ドラッグ&ドロップ**すると、スライドの並び順を変更できます。

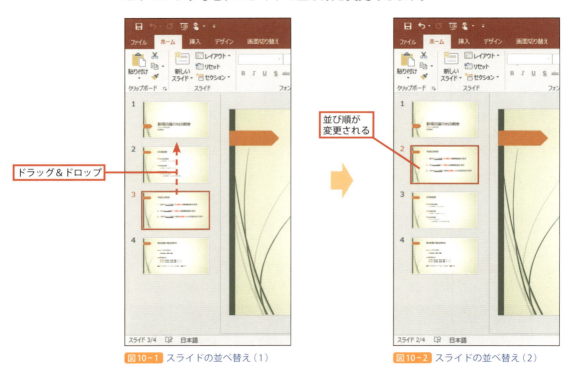

図10-1 スライドの並べ替え（1）　　　図10-2 スライドの並べ替え（2）

● スライドの削除

　続いては、スライドを削除する方法を解説します。作成したスライドが不要になった場合は、そのスライドを**右クリック**して「**スライドの削除**」を選択すると、スライドを削除できます。

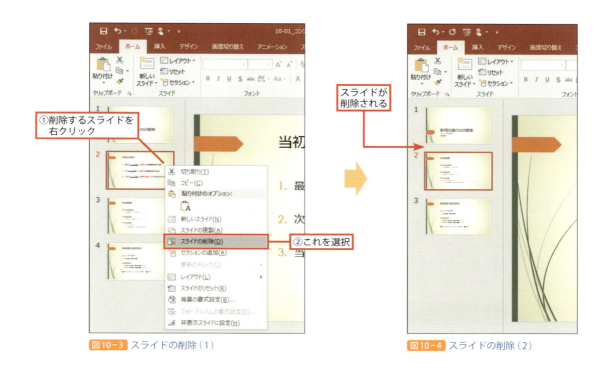

図10-3 スライドの削除（1）　　図10-4 スライドの削除（2）

● 好きな位置にスライドを挿入

　ステップ04では、スライド一覧の末尾に新しいスライドを追加する方法を解説しました。ここでは、好きな位置にスライドを挿入する方法を紹介しておきます。[ホーム]タブにある「新しいスライド」は、現在選択しているスライドの後にスライドを挿入する機能となります。このため、2枚目のスライドを選択した状態で「新しいスライド」のアイコンをクリックすると、2枚目と3枚目の間に新しいスライドを挿入できます。

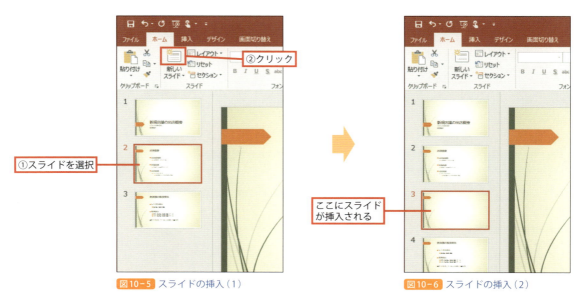

図10-5 スライドの挿入（1）　　図10-6 スライドの挿入（2）

Step 10　スライドとコンテンツの領域の操作　**43**

● コンテンツの領域からはみ出した文字

　ここからは、**コンテンツの領域**に関連する操作方法を解説していきます。コンテンツの領域には文字サイズを自動調整する機能が装備されています。このため、コンテンツの領域に多くの文字を入力すると、全ての文字が領域内に収まるように文字サイズが自動的に小さくなります。この自動調整を無効にしたい場合は、コンテンツの領域の左下に表示される ⇟（**自動調整オプション**）をクリックし、「**このプレースホルダーの自動調整をしない**」を選択します。

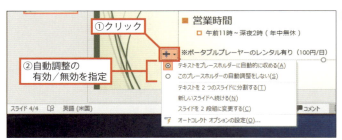

図10-7 コンテンツの領域に全ての文字が収まらない場合は、左下に ⇟ が表示され、文字サイズが自動調整されます。このアイコンをクリックすると、自動調整の有効／無効を切り替えられます。

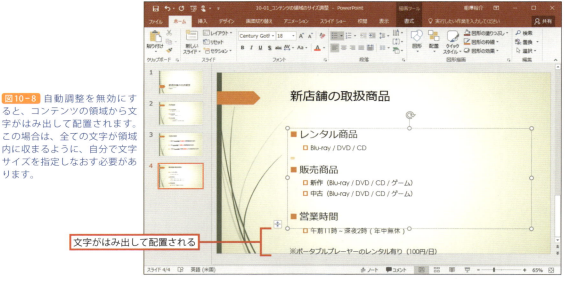

図10-8 自動調整を無効にすると、コンテンツの領域から文字がはみ出して配置されます。この場合は、全ての文字が領域内に収まるように、自分で文字サイズを指定しなおす必要があります。

● コンテンツの領域の移動とサイズ変更

ワンポイント

領域の移動とサイズ変更
スライドのタイトルを入力する領域も、同様の手順でサイズや位置を変更できます。

　コンテンツの領域は、そのサイズを自由に変更することが可能です。自動調整により文字サイズが小さくなってしまった場合は、領域のサイズを少し大きくすると、そのぶんだけ文字サイズを大きくできます。
　コンテンツの領域のサイズを変更するときは、上下左右や四隅にある**ハンドル**をドラッグします。また、領域を囲む点線をドラッグすると、コンテンツの領域の位置を移動できます。

44

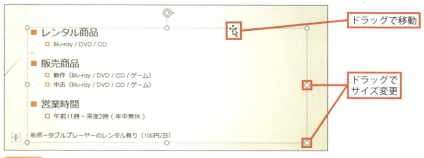

図10-9 コンテンツの領域の移動とサイズ変更

● コンテンツの領域を元の状態に戻す

サイズ変更や移動を行ったあとに、**コンテンツの領域**を元の配置に戻したくなった場合は、［ホーム］タブにある （リセット）をクリックします。なお、配置のリセットを行うと、文字や段落の書式も初期状態にリセットされます。

図10-10 コンテンツの領域のリセット

演 習

（1）**ステップ09の演習（2）** で保存したファイルを開き、**3枚目のスライド**として以下の図のようなスライドを作成してみましょう。
　　※全ての文字の文字サイズを28ポイントに変更します。

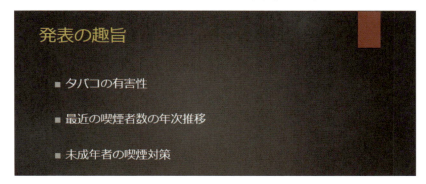

（2）**演習（1）** で作成したスライドの順番を**2枚目**に並べ替えてみましょう。
（3）**3枚目のスライド**（タバコに含まれる主な有害成分）を選択し、**コンテンツの領域**のサイズを**上下に拡大**してみましょう。
　　《作業後にファイルの上書き保存を行い、ファイルを更新しておきます》

Step 10　スライドとコンテンツの領域の操作　**45**

画像や動画の挿入

写真や動画を使って発表内容を説明したい場合もあると思います。このような場合は、コンテンツの領域にあるアイコンや［挿入］タブを利用して、スライド上に画像や動画を配置します。

● コンテンツの領域に画像を挿入

コンテンツの領域は、画像を含むスライドの作成にも利用できます。コンテンツの領域に画像を挿入するときは、(図) のアイコンを利用して以下のように操作します。

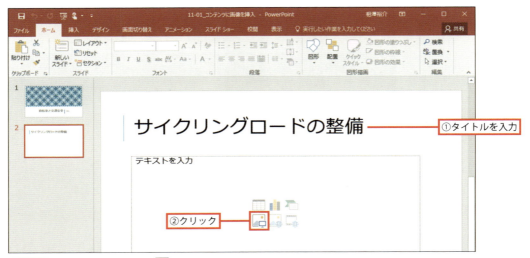

図11−1 コンテンツの領域にある (図) をクリックします。

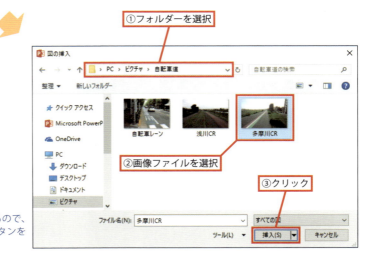

図11−2 「図の挿入」が表示されるので、画像ファイルを選択し、［挿入］ボタンをクリックします。

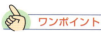

画像の削除

挿入した画像を削除するときは、画像をクリックして選択した状態で[Delete]キーを押します。すると画像が削除され、コンテンツの領域が最初の状態に戻ります。

図11-3 コンテンツの領域に画像が挿入されます。

●スライドに画像を挿入

すでに**コンテンツの領域**に文字を入力してある場合は、[**挿入**]**タブ**を利用してスライド上に画像を配置し、サイズと位置の調整を行います。

図11-4 [挿入]タブを選択し、「画像」のアイコンをクリックします。続いて、スライド上に配置する画像を選択し、[挿入]ボタンをクリックします。

上下左右のハンドル

上下左右のハンドルをドラッグして画像のサイズを変更することも可能です。ただし、この場合は画像の縦横の比率が変更されてしまうことに注意してください。

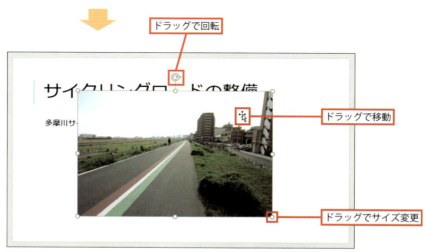

図11-5 スライドに画像が配置されるので、四隅のハンドルをドラッグしてサイズを調整します。また、画像そのものをドラッグすると、画像の位置を移動できます。

Step 11 画像や動画の挿入 | **47**

［書式］タブで画像を編集

挿入した画像をクリックして選択すると、図ツールの［書式］タブを利用できるようになります。このタブを使って挿入した画像を加工することも可能です。ここでは、よく使用されるコマンドについて簡単に紹介しておきます。

図11-6　図ツールの［書式］タブ

図11-7　「修整」をクリックすると、画像のシャープネス（鮮明さ）、明るさ、コントラストを補正できます。

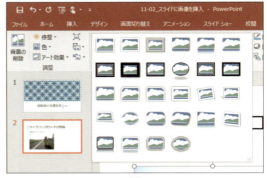

図11-8　「図のスタイル」の▽をクリックすると、このような一覧が表示されます。この中から好きなデザインを選択し、画像を加工することも可能です。

図11-9　「トリミング」のアイコンをクリックすると、画像の四隅と上下左右にトリミング用のハンドルが表示されます。このハンドルをドラッグすると、画像の好きな範囲だけを切り抜くことができます。

● コンテンツの領域に動画を挿入

スライドに動画を挿入することも可能です。この場合は、コンテンツの領域にある （ビデオの挿入）をクリックして、以下のように操作します。

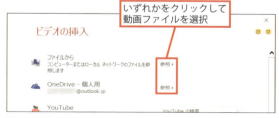

図11-10 コンテンツの領域にある （ビデオの挿入）をクリックします。

図11-11 このような画面が表示されるので、「参照」の文字をクリックして動画ファイルを選択します。

図11-12 スライドに動画が挿入されます。動画の再生／一時停止は、左下にあるアイコンをクリックして操作します。

ワンポイント

[挿入] タブの「ビデオ」
すでにコンテンツの領域に文字を入力してある場合は、[挿入] タブにある「ビデオ」をクリックすると、スライドに動画を挿入できます。

演習

（1）PowerPointを起動し、2枚目のスライドに以下のようなスライドを作成してみましょう。

※「レトロスペクト」のテーマを適用します（1枚目のスライドは白紙のままで構いません）。
※この演習で使用する画像ファイルは、以下のURLからダウンロードできます。
　http://www.cutt.jp/books/pp2016_834/

Step 11　画像や動画の挿入　49

Step 12 表の作成と編集（1）

実験結果や調査結果を発表するときに、データを表にまとめて提示する場合もよくあります。続いては、スライドに表を作成するときの操作手順を解説します。

● コンテンツの領域に表を作成

表を含むスライドを作成するときも**コンテンツの領域**を利用するのが一般的です。この場合は、コンテンツの領域にある▦（**表の挿入**）をクリックし、**列数**と**行数**を指定して表を作成します。

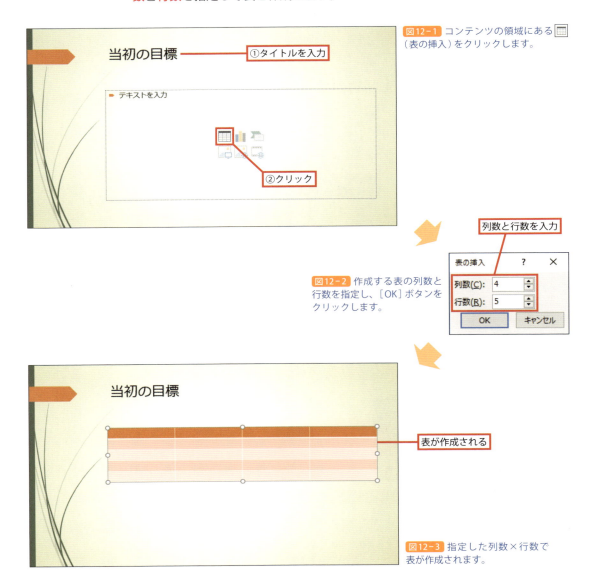

図12-1 コンテンツの領域にある▦（表の挿入）をクリックします。

図12-2 作成する表の列数と行数を指定し、［OK］ボタンをクリックします。

図12-3 指定した列数×行数で表が作成されます。

● 表内の文字入力

セル
PowerPointでは、表内にある1つひとつのマス目のことを「セル」と呼びます。

[Tab]キーの活用
表内の各セルに文字を続けて入力するときは[Tab]キーを利用すると便利です。セルに文字を入力したあと[Tab]キーを押すと、右隣のセルにカーソルを移動できます。

　続いて、作成した表に文字を入力していきます。表内に文字を入力するときは、マウスとキーボードを使って以下のように操作します。

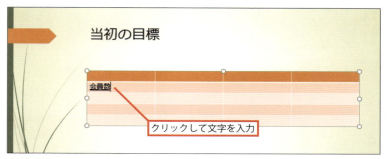

図12-4 文字を入力するセルをクリックし、キーボードから文字を入力します。このとき、途中で[Enter]キーを押してセル内で文字を改行することも可能です。

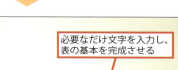

図12-5 同様の操作を繰り返して必要なだけ文字を入力すると、表の基本が完成します。

● 表のサイズ変更と移動

　表の四隅や上下左右にある**ハンドル**をドラッグして表のサイズを変更することも可能です。スライドの下部に余白がある場合は、表を下方向に拡大し、全体のバランスを調整しておくとよいでしょう。表の位置を移動させるときは、表を囲む枠線をドラッグします。

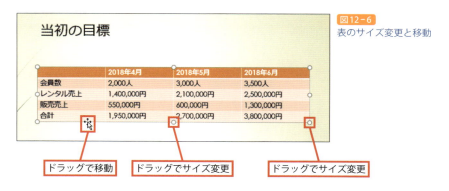

図12-6
表のサイズ変更と移動

Step 12　表の作成と編集（1）　**51**

● スライドに表を挿入

すでに**コンテンツの領域**に文字を入力してある場合は、[挿入]タブを利用してスライドに表を挿入します。表の**列数**と**行数**は「**表**」コマンドで指定します。

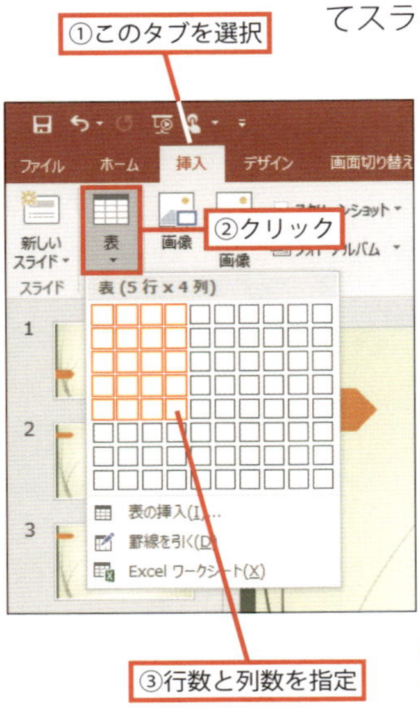

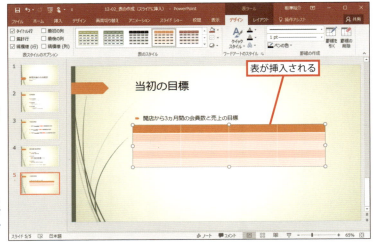

図12-7 [挿入]タブを選択します。「表」をクリックすると左のようなマス目が表示されるので、ここで列数と行数を指定します。

①このタブを選択
②クリック
③行数と列数を指定
表が挿入される

図12-8 スライドに表が挿入されるので、表のサイズと位置を調整し、表内に文字を入力します。この手順は前ページで解説したとおりです。

● 列や行の追加

表を作成したあとで、列や行の不足に気付く場合もあると思います。このような場合は、**表ツール**の[**レイアウト**]タブを利用すると、表内の好きな位置に列や行を追加できます。

①このタブを選択
②いずれかをクリック

図12-9 表内をクリックすると、表ツールの[デザイン]タブと[レイアウト]タブが利用可能になります。行や列の追加は[レイアウト]タブで行います。

列や行が追加される場所は**カーソルがあるセル**が基準となります。たとえば「**下に行を挿入**」をクリックすると、次ページのように行が追加されます。

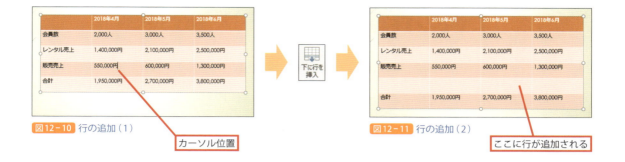

図12-10 行の追加（1）　　カーソル位置

図12-11 行の追加（2）　　ここに行が追加される

● 列や行の削除

　　　　　　　先ほどとは逆に、表から列や行を削除したい場合もあると思います。このような場合は、**表ツール**の［**レイアウト**］**タブ**にある「**削除**」をクリックし、削除する対象（列または行）を選択します。なお、この操作で削除されるのは、カーソルがある列または行となります。

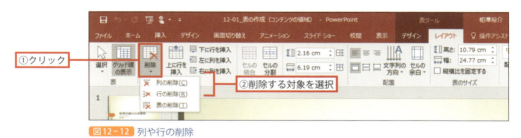

①クリック　　②削除する対象を選択

図12-12 列や行の削除

演　習

（1）**ステップ10の演習（3）**で保存したファイルを開き、**4枚目のスライド**として以下の図のようなスライドを作成してみましょう。

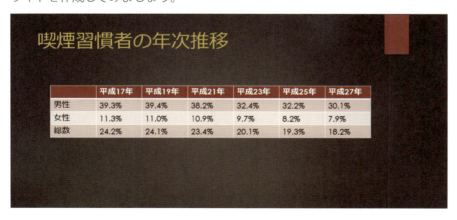

（2）スライドの余白が小さくなるように、**表のサイズ**（高さ）を大きくしてみましょう。
　　《作業後にファイルの上書き保存を行い、ファイルを更新しておきます》

Step 12　表の作成と編集（1）　**53**

Step 13 表の作成と編集（2）

続いては、作成した表のデザインを変更したり、表内の文字の書式を変更したりする方法を解説します。できるだけ見やすい表に仕上げられるように、それぞれの指定方法をよく理解しておいてください。

● 表のデザインの指定

PowerPointには「**表のスタイル**」が用意されているため、表全体のデザインを手軽に変更できます。この機能を使って表全体のデザインを変更するときは、**表ツール**の［**デザイン**］**タブ**を利用します。

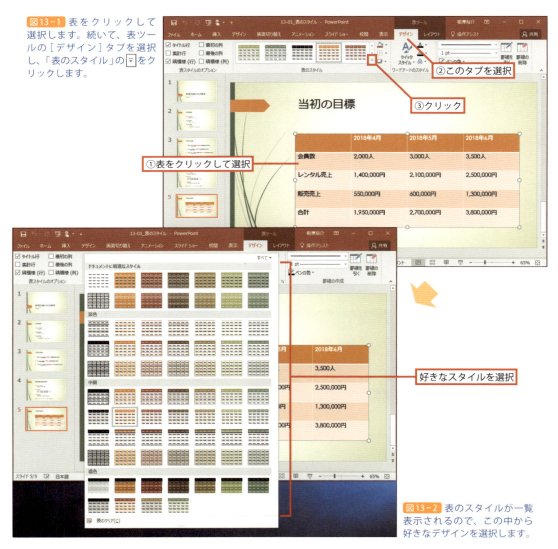

図13-1 表をクリックして選択します。続いて、表ツールの［デザイン］タブを選択し、「表のスタイル」の▽をクリックします。

図13-2 表のスタイルが一覧表示されるので、この中から好きなデザインを選択します。

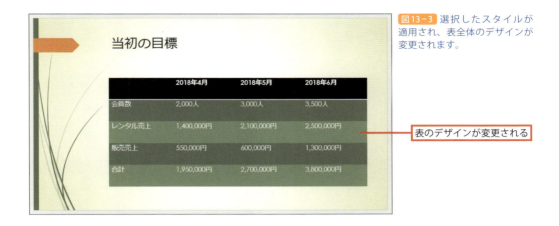

図13-3 選択したスタイルが適用され、表全体のデザインが変更されます。

表のデザインが変更される

● 見出しの行と列の指定

　「表のスタイル」は、表の一番上の行を"見出し"にするようにデザインされています。ただし、必ずしもこのような形式で表を作成するとは限りません。状況によっては、左端の列を"見出し"にしたり、一番下の行を強調したりする場合もあると思います。

　このような場合は、表ツールの[デザイン]タブにある「表スタイルのオプション」で設定を変更します。また、ここで背景を縞模様にする書式を指定することも可能です。

図13-4 見出しと縞模様の指定

　たとえば、先ほどの表（図13-3）で「最初の列」と「集計行」にチェックを付けると、図13-5のように表のデザインを変更できます。

図13-5 「最初の列」と「集計行」をチェックした場合

一番下の行が強調される

左端の列が"見出し"のデザインになる

● セル内の文字の配置

表内に数値を含む場合は、数値を右揃えで配置すると表が見やすくなります。セル内の文字の配置は、**表ツール**の［**レイアウト**］**タブ**にある6個のアイコンを使って指定します。

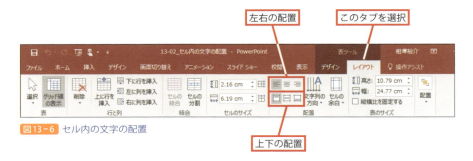

図13-6 セル内の文字の配置

なお、これらの指定が適用されるセルは、**カーソルがあるセル**および**選択されているセル**となります。

図13-7 複数のセルを選択するときは、そのセル範囲をマウスでドラッグします。

図13-8 選択していたセル範囲の文字の配置が変更されます。

● 表内の文字の書式

表内の文字のフォントや文字サイズ、太字／斜体／下線などを指定することも可能です。表内の**文字の書式**を指定するときは、対象となる文字（またはセル範囲）を選択し、［**ホーム**］**タブ**で書式を指定します。

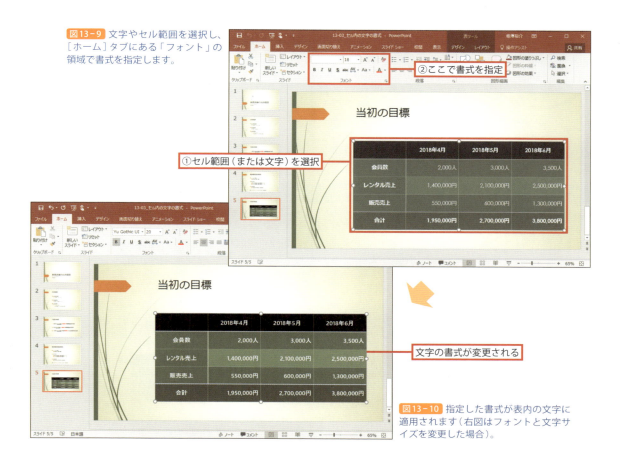

図13-9 文字やセル範囲を選択し、[ホーム]タブにある「フォント」の領域で書式を指定します。

図13-10 指定した書式が表内の文字に適用されます（右図はフォントと文字サイズを変更した場合）。

演習

(1) ステップ12の演習（2）で保存したファイルを開き、4枚目のスライドにある表に「**中間スタイル3 - アクセント3**」のスタイルを適用してみましょう。
(2) 表の**左端の列**を"見出し"のデザインに変更し、**行の縞模様**を「なし」に変更してみましょう。
(3) セル内の**文字の配置**を以下のように変更してみましょう。

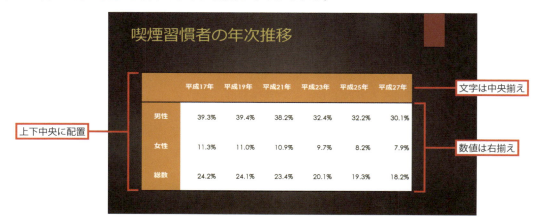

《作業後にファイルの上書き保存を行い、ファイルを更新しておきます》

Step 13　表の作成と編集（2）

表の作成と編集（3）

スライドに作成した表は、セルの背景色を変更したり、セルとセルを区切る罫線の書式を変更したりすることが可能です。続いては、表の細かな部分をカスタマイズする方法を解説します。

● セルの幅や高さの変更

作成した表は、それぞれの**列の幅**や**行の高さ**を自由に変更できます。この操作は、列または行を区切る罫線をドラッグすると実行できます。たとえば、列を区切る罫線を左右にドラッグすると、その両脇にある列の幅を変更できます。

図14-1 幅と高さの変更

● 幅や高さを均一に揃える

セルのサイズ
列の幅や行の高さを数値で指定する場合は、表ツールの［レイアウト］タブにある「セルのサイズ」に数値を入力します。

選択しているセル範囲の**列の幅**や**行の高さ**を均一に揃えるコマンドも用意されています。幅や高さを変更したあとに、表の一部分についてのみ幅や高さを揃えたい場合に活用するとよいでしょう。

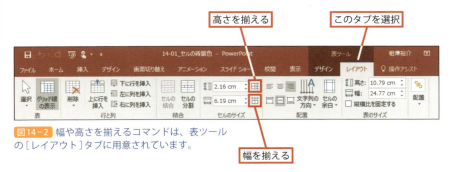

図14-2 幅や高さを揃えるコマンドは、表ツールの［レイアウト］タブに用意されています。

58

たとえば、列の幅を均一にする場合は以下のように操作します。

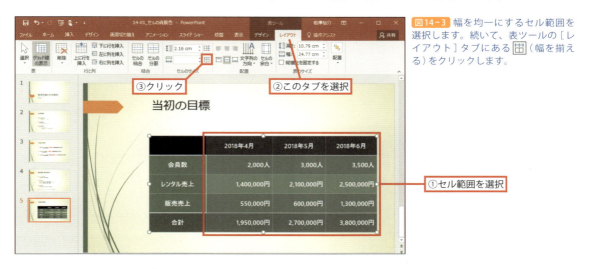

図14-3 幅を均一にするセル範囲を選択します。続いて、表ツールの［レイアウト］タブにある（幅を揃える）をクリックします。

図14-4 選択していたセル範囲の「列の幅」が均一に揃えられます。

● セルの背景色の指定

表ツールの［デザイン］タブには、各セルの背景色を個別に指定できる（塗りつぶし）が用意されています。このコマンドは、表のデザインを変更する場合などに活用できます。

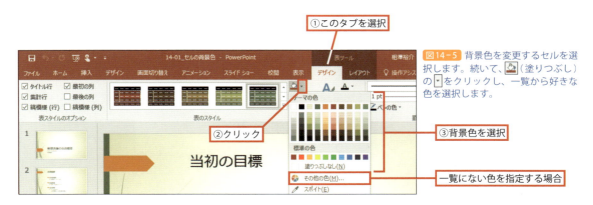

図14-5 背景色を変更するセルを選択します。続いて、（塗りつぶし）の をクリックし、一覧から好きな色を選択します。

Step 14 表の作成と編集（3） | **59**

● 罫線の書式指定

セルとセルを区切る罫線の書式を変更することも可能です。罫線の書式を自分で指定するときは、表ツールの[デザイン]タブを利用して以下のように操作します。

図14-6 表ツールの[デザイン]タブを選択します。続いて、「罫線の作成」の領域で、線の種類／太さ／色を指定します。

図14-7 線の書式を変更すると、「罫線を引く」が自動的にONになります。このアイコンをクリックしてOFFにします。

図14-8 マウスをドラッグして、罫線の書式を変更するセル範囲を選択します。

> **ワンポイント**
>
> **マウスを使った書式指定**
> 「罫線を引く」をONにしたまま、罫線の上をなぞるようにドラッグして書式を変更することも可能です。ただし、罫線上を正確になぞるのが難しいため、田（罫線）のコマンドを使った方が確実に操作を進められます。

図14-9 田（罫線）の▼をクリックし、書式を変更する罫線の位置を指定します。

図14-10 罫線の書式が「あらかじめ指定しておいた書式」に変更されます。

書式が変更される

● 罫線の削除

表から罫線を削除したいときは、線の種類に「罫線なし」を指定し、先ほどと同様の手順で罫線を削除する位置を指定します。「罫線の削除」を利用して罫線を削除すると、罫線が削除されると同時に隣り合うセルが結合されてしまうことに注意してください。

罫線を削除するときは「罫線なし」を指定する

隣接するセルを結合するコマンド

図14-11 罫線の削除

演習

（1）ステップ13の演習（3）で保存したファイルを開き、4枚目のスライドにある「男性」「女性」「総数」のセルの背景色を「オレンジ、アクセント3、黒＋基本色25%」に変更してみましょう。
（2）罫線の書式を以下の図のように変更してみましょう。

実線、2¼pt、黒

点線、1pt、黒

実線、2¼pt、黒

点線、1pt、黒

実線、2¼pt、黒

《作業後にファイルの上書き保存を行い、ファイルを更新しておきます》

グラフの作成と編集（1）

実験結果や調査結果などを示すときは、数値データを基にグラフを作成すると、わかりやすいスライドに仕上げることができます。ここからは、スライドにグラフを作成する方法を解説していきます。

● コンテンツの領域にグラフを作成

ワンポイント

スライドにグラフを挿入
すでにコンテンツの領域に文字を入力してある場合は、［挿入］タブにある「グラフ」をクリックすると、スライドにグラフを挿入できます。

スライドにグラフを作成する場合もコンテンツの領域が活用できます。コンテンツの領域にグラフを作成するときは、📊（グラフの挿入）を利用して以下のように操作します。

 図15-1 コンテンツの領域にある📊（グラフの挿入）をクリックします。

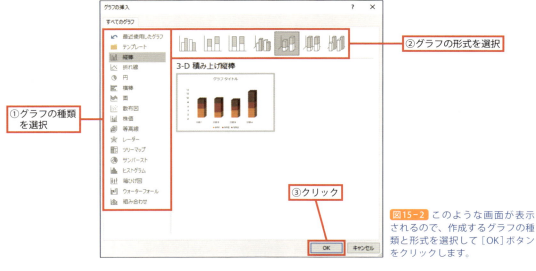

図15-2 このような画面が表示されるので、作成するグラフの種類と形式を選択して［OK］ボタンをクリックします。

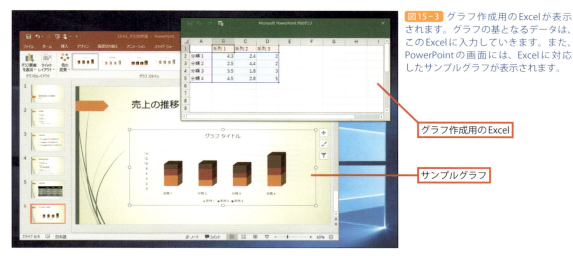

図15-3 グラフ作成用のExcelが表示されます。グラフの基となるデータは、このExcelに入力していきます。また、PowerPointの画面には、Excelに対応したサンプルグラフが表示されます。

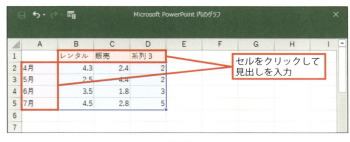

図15-4 まずは、グラフの"見出し"を入力します。Excelに初めから入力されている「系列1」「系列2」…、ならびに「分類1」「分類2」…の文字を、作成するグラフの"見出し"に変更します。

図15-5 系列の数に過不足がある場合は、青い線の右下にある■を左右にドラッグすると、グラフ化するセル範囲を変更できます。

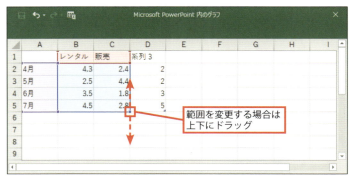

図15-6 同様に、分類の数に過不足がある場合は、■を上下にドラッグすると、グラフ化するセル範囲を変更できます。

Step 15 グラフの作成と編集(1) **63**

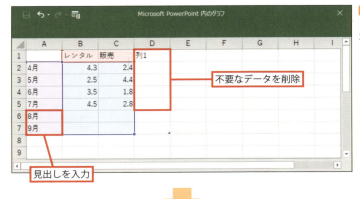

図15-7 追加した系列や分類にも"見出し"を入力します。また、混乱を避けるために、この時点で不要なデータを削除しておきます。

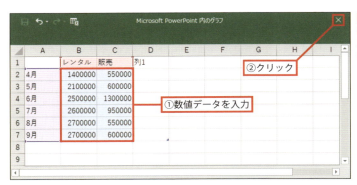

図15-8 続いて、グラフの基となる数値データを入力します。全てのデータを入力できたら☒をクリックしてグラフ作成用のExcelを終了します。

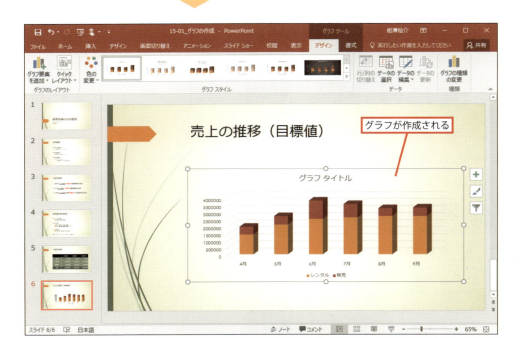

図15-9 スライドの編集画面に戻るので、スライドにグラフが作成されていることを確認します。

● グラフのサイズ変更と移動

ワンポイント

データの修正
グラフの基データを修正するときは、グラフツールの［デザイン］タブを選択し、「データの編集」をクリックします。するとグラフ編集用のExcelが再び表示され、データを修正できるようになります。

作成したグラフは、四隅や上下左右にある**ハンドル**をドラッグすることでサイズを自由に拡大／縮小できます。また、グラフ内の余白をドラッグすると、グラフの位置を移動できます。

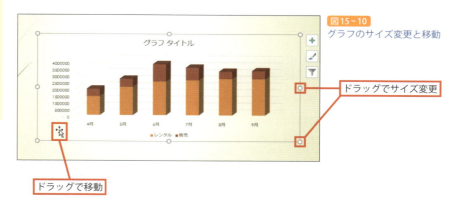

図15-10
グラフのサイズ変更と移動

ドラッグでサイズ変更

ドラッグで移動

演 習

（1）**ステップ14の演習（2）**で保存したファイルを開き、**5枚目のスライド**として以下の図のようなスライドを作成してみましょう。
　《作業後にファイルの上書き保存を行い、ファイルを更新しておきます》

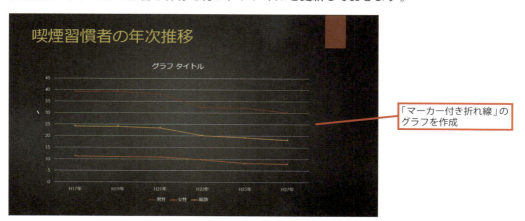

「マーカー付き折れ線」のグラフを作成

グラフの基となるデータ

Step 15　グラフの作成と編集（1）　**65**

Step 16 グラフの作成と編集（2）

作成したグラフは、用途に合わせて表示する要素を変更したり、グラフのデザインを変更したりできます。続いては、グラフをカスタマイズする方法を学習します。

● グラフに表示する要素

グラフをクリックして選択すると、右側に3つのアイコンが表示されます。これらのうち、一番上にある ➕（グラフ要素）は、グラフ内に表示する要素を変更するときに利用します。

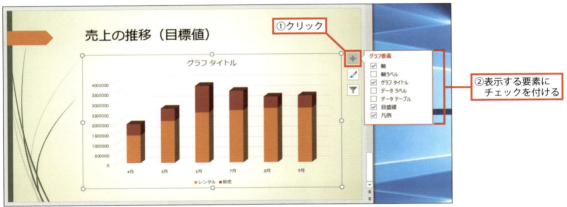

図16-1 ➕（グラフ要素）をクリックすると、グラフ内に表示する要素を指定できます。

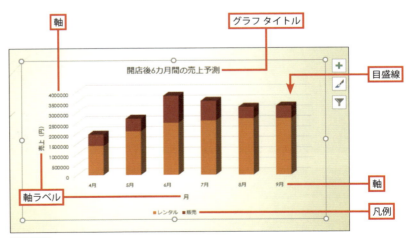

図16-2 グラフ内の各要素の名称

> **ワンポイント**
> **数値データの表示**
> 「データ ラベル」または「データ テーブル」をチェックすると、グラフ内に各データの数値を表示できます。グラフ内に数値が表示される様子は、実際に項目をチェックして自分の目で確認してみてください。

もちろん、**グラフ タイトル**と**軸ラベル**の文字は、グラフの内容に合わせて好きな文字に変更することが可能です。文字を変更するときは、各要素をクリックして選択し、キーボードから文字を入力します。

● グラフ要素の配置

　グラフ内にある各要素の配置は「グラフ要素を追加」コマンドでも指定できます。このコマンドを利用した場合は、各要素の表示／非表示だけでなく、位置も指定できるようになります。たとえば、凡例を右側に配置したり、縦軸だけに軸ラベルを表示したりすることが可能です。

図16-3　「グラフ要素を追加」コマンド

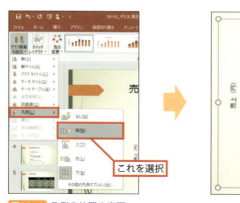

図16-4　凡例の位置の変更

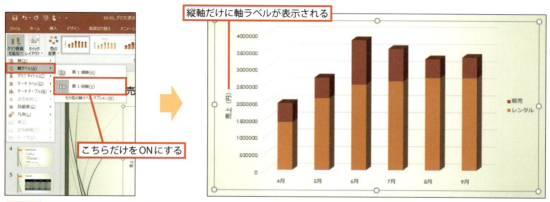

図16-5　縦軸だけに軸ラベルを表示

Step 16　グラフの作成と編集 (2)　**67**

● グラフ スタイルの変更

PowerPointには、グラフ全体のデザインを手軽に変更できる✐（グラフ スタイル）が用意されています。この機能を使ってグラフのデザインを変更するときは、以下のように操作します。

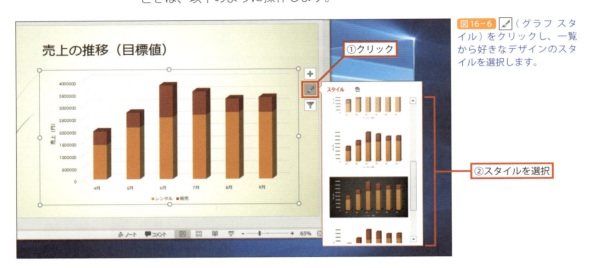

図16-6 ✐（グラフ スタイル）をクリックし、一覧から好きなデザインのスタイルを選択します。

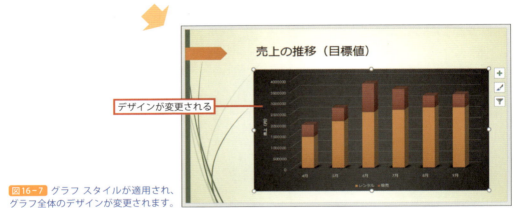

図16-7 グラフ スタイルが適用され、グラフ全体のデザインが変更されます。

これと同様の操作をグラフ ツールの[デザイン]タブで行うことも可能です。「グラフ スタイル」の領域にある▼をクリックすると、グラフ スタイルの一覧を表示できます。

図16-8 [デザイン]タブのグラフ スタイル

グラフ フィルターの活用

グラフの右側に表示されている ▼（**グラフ フィルター**）のアイコンは、不要な項目をグラフから除外するときに利用します。このアイコンをクリックして除外したい項目のチェックを外すと、そのデータを除いたグラフに変更することができます。

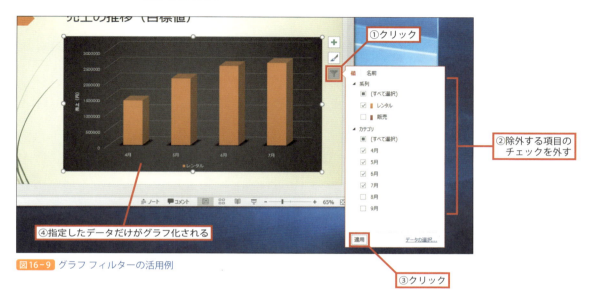

図16-9 グラフ フィルターの活用例

(1) **ステップ15の演習（1）** で保存したファイルを開き、5枚目のスライドにあるグラフに**「スタイル2」のグラフ スタイル**を適用してみましょう。
(2) グラフ内に表示する要素を以下の図のように変更し、**縦軸の軸ラベルに「喫煙者の割合（％）」**と入力してみましょう。
《作業後にファイルの上書き保存を行い、ファイルを更新しておきます》

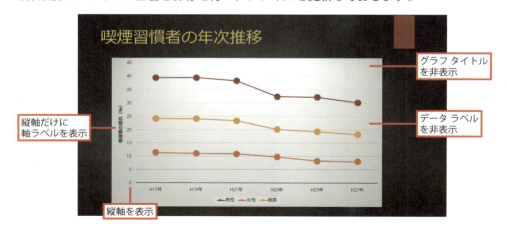

Step 17 グラフの作成と編集（3）

続いては、作成したグラフの色を変更したり、各要素の書式を細かく指定したりする方法を紹介します。グラフを自由自在に加工できるように、さまざまなカスタマイズ方法を覚えておいてください。

●色の変更

グラフ全体の配色を変更するときは、**グラフ ツール**の［デザイン］タブにある**「色の変更」**を利用すると便利です。この一覧から好きな色の組み合わせを選択すると、グラフ全体の配色を手軽に変更できます。

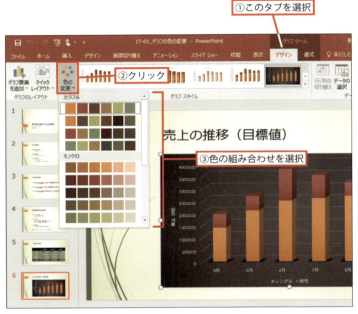

図17-1 グラフをクリックして選択します。続いて、［デザイン］タブにある「色の変更」をクリックし、一覧の中から好きな色の組み合わせを選択します。

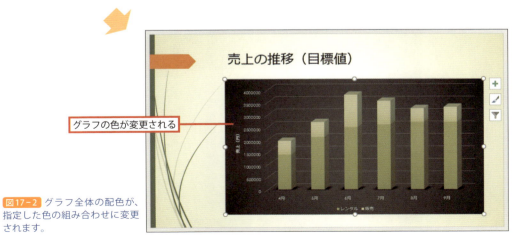

図17-2 グラフ全体の配色が、指定した色の組み合わせに変更されます。

● 系列の色と線の書式指定

グラフの**各系列の色**を個別に指定することも可能です。この場合は、右クリックメニューの**「塗りつぶし」**を使って色を指定します。

図17-3 色を変更する系列を右クリックします。続いて、「塗りつぶし」をクリックし、一覧から色を選択すると…、

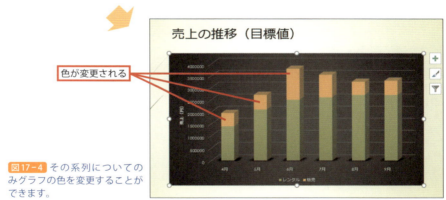

図17-4 その系列についてのみグラフの色を変更することができます。

なお、「折れ線グラフ」などの線の書式を変更するときは、**「枠線」**をクリックして線の色、太さ、種類を指定します。

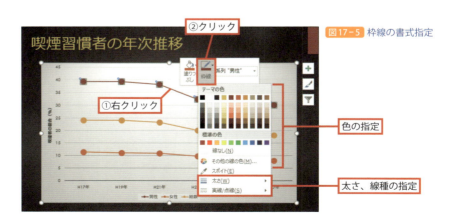

図17-5 枠線の書式指定

Step 17 グラフの作成と編集（3） | **71**

● 書式設定画面の表示

　グラフ内にある各要素を**右クリック**して「**○○の書式設定**」を選択すると、その要素の書式を細かく指定できる設定画面が表示されます。たとえば、縦軸（数値軸）を右クリックして「**軸の書式設定**」を選択した場合は、図17-7のような設定画面が表示され、軸に表示する値の**最小値／最大値**や**目盛線の間隔**、**表示単位**などを指定できるようになります。

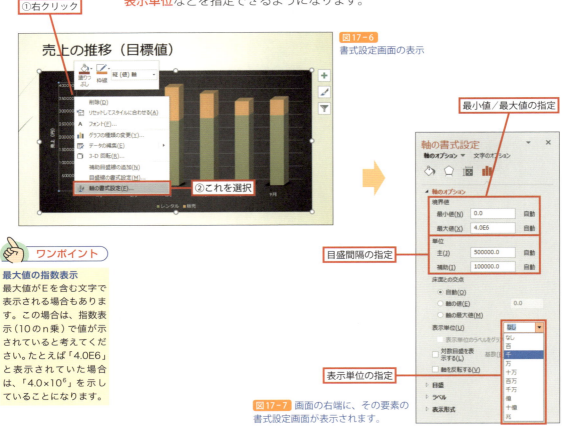

図17-6　書式設定画面の表示

図17-7　画面の右端に、その要素の書式設定画面が表示されます。

ワンポイント

最大値の指数表示
最大値がEを含む文字で表示される場合もあります。この場合は、指数表示（10のn乗）で値が示されていると考えてください。たとえば「4.0E6」と表示されていた場合は、「$4.0×10^6$」を示していることになります。

　表示単位を変更すると、縦軸に「千」や「百万」などの単位が表示されます。グラフをできるだけ大きく描画したい場合は、この表示を選択し、[Delete]キーで削除しても構いません。ただし、**軸ラベル**などに表示単位を追記しておくのを忘れないようにしてください。

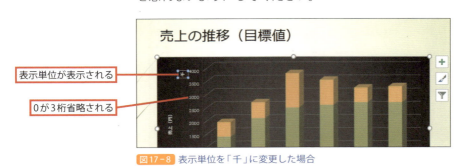

図17-8　表示単位を「千」に変更した場合

● グラフ内の文字の書式

グラフタイトルや軸ラベル、凡例に表示されている文字の書式を変更することも可能です。これらの書式は[ホーム]タブのリボンを使って指定します。

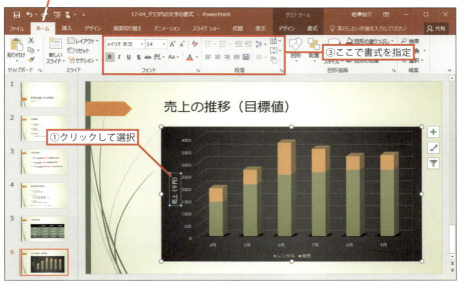

図17-9 文字の書式を指定するときは、要素をクリックして選択し、[ホーム]タブで書式を指定します。

―― 演 習 ――

（1）ステップ16の演習（2）で保存したファイルを開き、5枚目のスライドにあるグラフの各系列の色を以下の図のように変更してみましょう。
　　※各系列とも「塗りつぶし」と「枠線」の両方について色を変更します。
（2）縦軸の「軸の書式設定」を開き、最小値を0、最大値を45、目盛間隔を10に変更してみましょう。
（3）軸ラベルと縦軸、横軸の文字の書式を「14ポイント、太字」に変更してみましょう。

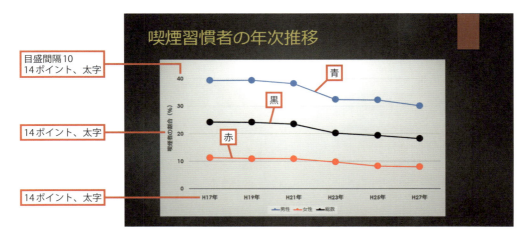

《作業後にファイルの上書き保存を行い、ファイルを更新しておきます》

Step 17　グラフの作成と編集（3）　**73**

Step 18 SmartArtの作成と編集（1）

手順や仕組みなどを説明するときにイメージ図を利用する場合もあります。このような場合は、PowerPointに用意されているSmartArtを利用すると便利です。ここからはSmartArtの作成方法を学習していきます。

● SmartArtとは…？

　　PowerPointには、「図形」と「文字」を組み合わせたイメージ図で発表内容を説明できるSmartArtが用意されています。手順や構造、仕組みなどを示す場合に活用するとよいでしょう。
　　以下に具体的な例をいくつか紹介しておくので、SmartArtを活用するときの参考としてください。

図18-1 SmartArtの例（1）「基本の循環」

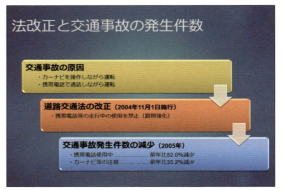

図18-2 SmartArtの例（2）「段違いステップ」

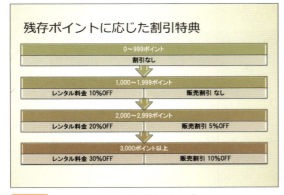

図18-3 SmartArtの例（3）「分割ステップ」

図18-4 SmartArtの例（4）「階層」

● コンテンツの領域にSmartArtを作成

それでは、SmartArtを作成する手順を解説していきましょう。**コンテンツの領域にSmartArtを作成するときは、**▣（**SmartArtグラフィックの挿入**）を利用して以下のように操作します。

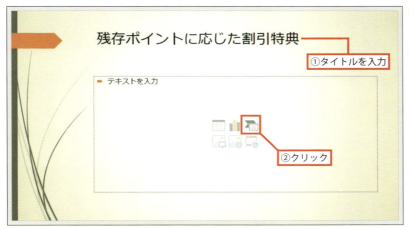

図18-5 スライドのタイトルを入力し、コンテンツの領域にある▣（SmartArtグラフィックの挿入）をクリックします。

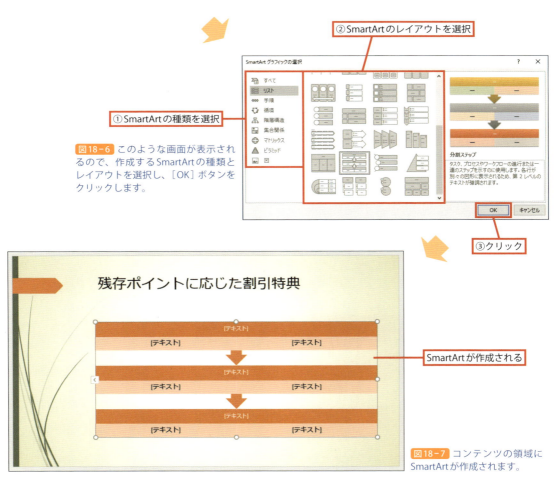

図18-6 このような画面が表示されるので、作成するSmartArtの種類とレイアウトを選択し、[OK]ボタンをクリックします。

図18-7 コンテンツの領域にSmartArtが作成されます。

Step 18　SmartArtの作成と編集（1）　**75**

● SmartArtの文字入力

 **ワンポイント**

文字の改行
図形内で文字を改行することも可能です。この場合は、文字入力の途中で[Enter]キーを押します。

続いては、作成したSmartArtに文字を入力していきます。SmartArtの各図形に文字を入力するときは、[テキスト]と表示されている部分をクリックし、キーボードから文字を入力していきます。

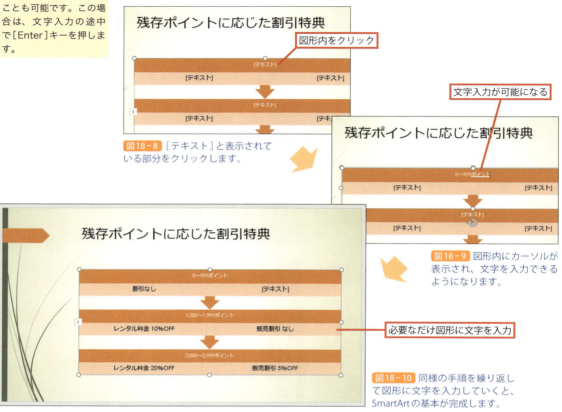

図18-8 [テキスト]と表示されている部分をクリックします。

図18-9 図形内にカーソルが表示され、文字を入力できるようになります。

図18-10 同様の手順を繰り返して図形に文字を入力していくと、SmartArtの基本が完成します。

● スライドにSmartArtを挿入

すでにコンテンツの領域に文字を入力してある場合は、[挿入]タブを利用してスライドにSmartArtを挿入します。

図18-11 [挿入]タブを選択し、「SmartArt」をクリックします。

以降の操作手順は、コンテンツの領域にSmartArtを作成する場合と基本的に同じです。SmartArtの種類とレイアウトを選択し、［テキスト］と表示されている部分をクリックして各図形に文字を入力していきます。

● SmartArtのサイズ変更と移動

SmartArtも、その位置やサイズを自由に変更することが可能です。サイズを変更するときは、四隅と上下左右にある**ハンドル**をドラッグします。位置を移動するときは、SmartArtを囲む**枠線**をドラッグします。

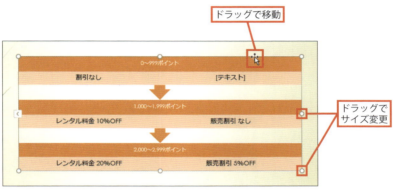

図18-12 SmartArtのサイズ変更と移動

―――― 演 習 ――――

（1）**ステップ17の演習（3）**で保存したファイルを開き、**6枚目のスライド**として、以下の図のようなスライドを作成してみましょう。

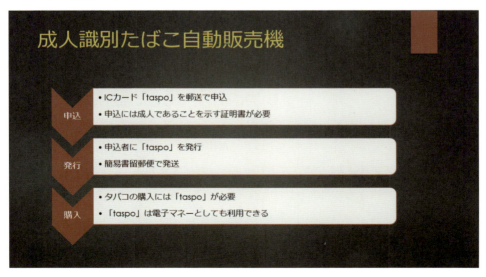

《作業後にファイルの上書き保存を行い、ファイルを更新しておきます》

SmartArtの作成と編集（2）

続いては、図形内に入力した文字の書式を変更する方法を解説します。また、SmartArtに図形を追加したり、SmartArtから図形を削除したりする方法も解説します。

● 図形内の文字の書式

SmartArtの各図形内に入力した文字は、その書式を自由に変更できます。文字や段落の書式は［ホーム］タブにあるコマンドで指定します。

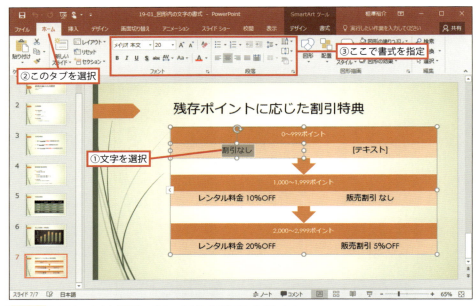

図19-1 図形内の文字を選択し、［ホーム］タブで書式を指定します。

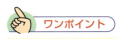

書式の一括変更
SmartArt内の余白をクリックし、SmartArt全体を選択した状態で書式指定を行うと、全ての図形内にある文字の書式をまとめて変更することができます。

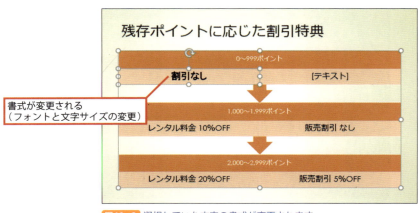

図19-2 選択していた文字の書式が変更されます。

78

● SmartArtに図形を追加

ワンポイント

図形の追加と文字サイズ
SmartArtに図形を追加すると、全ての図形が領域内に収まるように、図形のサイズが自動調整されます。このとき、図形内の文字サイズも自動調整されます。

SmartArtには、レイアウトに応じて適当な数の図形が配置されています。ただし、この図形の数が必ずしも説明したい内容と一致しているとは限りません。SmartArtに配置されている図形の数が足りない場合は、以下のように操作して図形を追加します。

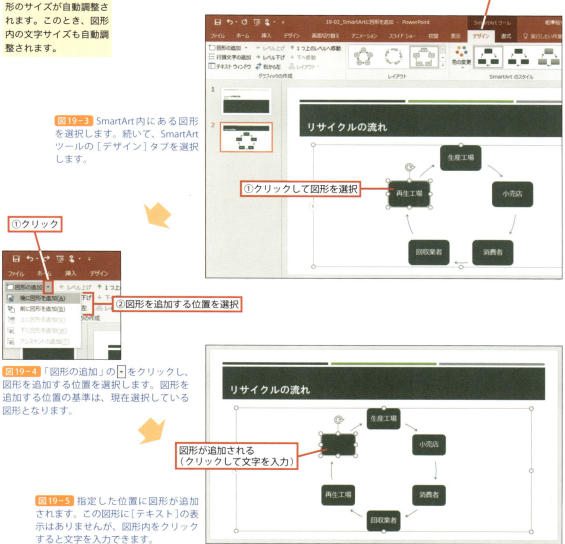

図19-3 SmartArt内にある図形を選択します。続いて、SmartArtツールの［デザイン］タブを選択します。

図19-4 「図形の追加」の ▼ をクリックし、図形を追加する位置を選択します。図形を追加する位置の基準は、現在選択している図形となります。

図19-5 指定した位置に図形が追加されます。この図形に［テキスト］の表示はありませんが、図形内をクリックすると文字を入力できます。

● レベルを指定した図形の追加

SmartArtによっては、それぞれの図形に**レベル**が設定されている場合もあります。このような場合は、**「下に図形を追加」**を利用して適切な位置に図形を追加します。

図19-6 下位レベルの図形の追加
これを選択すると、下位レベルの図形が追加される

以下に、**下位レベルの図形**を追加するときの操作例を示しておくので、実際に作業を行うときの参考としてください。

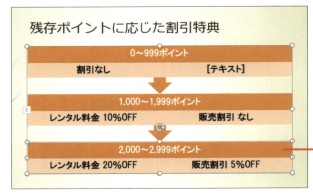

図19-7 SmartArtツールの[デザイン]タブで「図形の追加」→「後に図形を追加」を選択し、図形を追加します。

この図形を選択して「後に図形を追加」

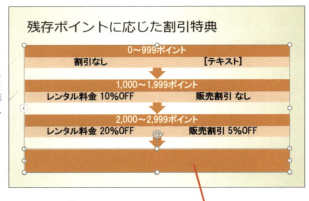

図19-8 指定した位置に図形が追加されます。ただし、この図形には下位レベルの図形がありません。続いて、「図形の追加」→「下に図形を追加」を選択し、下位レベルの図形を追加します。

追加された図形を選択して「下に図形を追加」

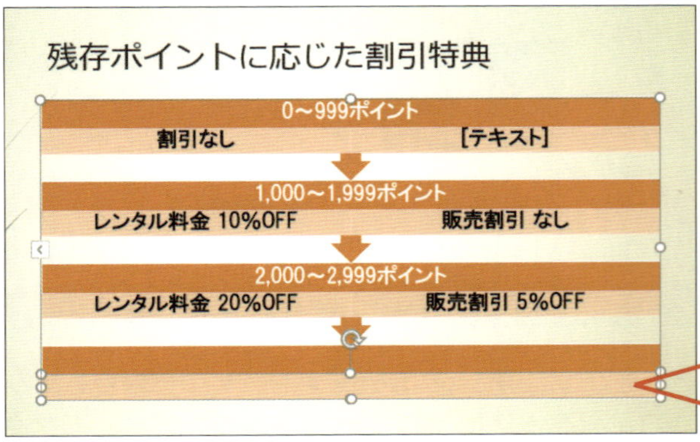

図19-9 下位レベルの図形が追加されます。さらに、この図形を選択した状態で「図形の追加」→「後に図形を追加」を選択すると…、

①下位レベルの図形が追加される
②追加された図形を選択して「後に図形を追加」

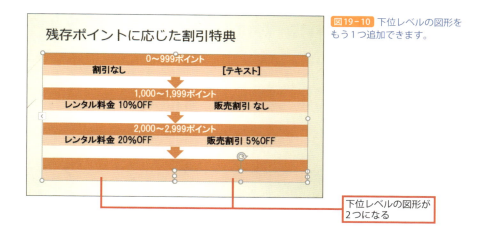

図19-10 下位レベルの図形をもう1つ追加できます。

下位レベルの図形が2つになる

● **SmartArtから図形を削除**

SmartArtに用意されている図形の数が多すぎる場合は、[Delete]キーで図形を削除します。同様の手順で**下位レベルの図形**だけを削除することも可能です。

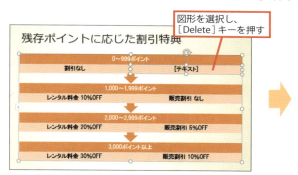

図19-11 削除する図形をクリックして選択し、キーボードの[Delete]キーを押します。

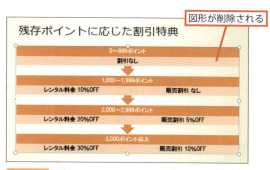

図19-12 選択していた図形が削除され、各図形の配置が調整されます。

―――― 演 習 ――――

(1) PowerPointを起動し、**2枚目のスライド**に以下の図のようなスライドを作成してみましょう。

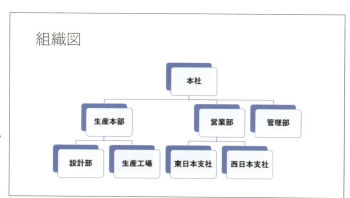

※1枚目のスライドは白紙で構いません。
※各図形内の文字に「22ポイント、太字」の書式を指定します。

Step 19 SmartArtの作成と編集(2) **81**

SmartArtの作成と編集（3）

SmartArtツールの各タブに用意されている「色の変更」や「SmartArtのスタイル」「図形のスタイル」を利用すると、SmartArtのデザインを変更できます。続いては、SmartArtのデザインを変更する方法を解説します。

● 色の変更

通常、SmartArtは全ての図形が同じ色で作成されます。このままでは少しメリハリに欠けるので、適当な色を指定しておくとよいでしょう。SmartArt全体の配色を変更するときは、SmartArtツールの[デザイン]タブにある「色の変更」を利用すると便利です。

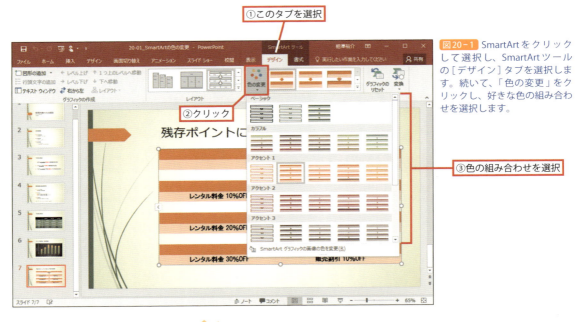

図20-1 SmartArtをクリックして選択し、SmartArtツールの[デザイン]タブを選択します。続いて、「色の変更」をクリックし、好きな色の組み合わせを選択します。

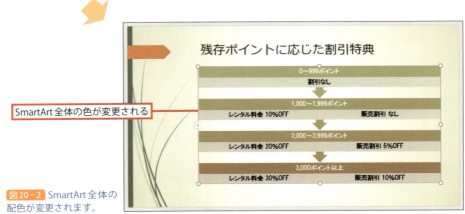

図20-2 SmartArt全体の配色が変更されます。

82

● スタイルの変更

　SmartArtに立体的な装飾を施したい場合は、「**SmartArtのスタイル**」を利用すると便利です。SmartArtにスタイルを適用させるときは、「SmartArtのスタイル」の▽をクリックして一覧から好きなデザインを選択します。

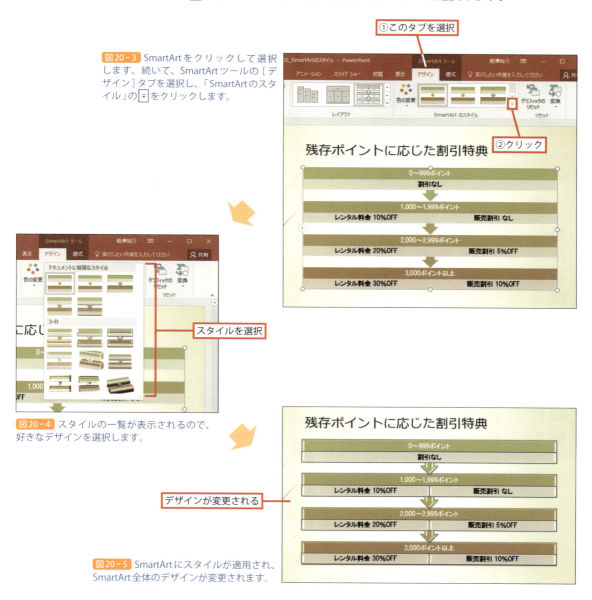

図20-3　SmartArtをクリックして選択します。続いて、SmartArtツールの［デザイン］タブを選択し、「SmartArtのスタイル」の▽をクリックします。

図20-4　スタイルの一覧が表示されるので、好きなデザインを選択します。

図20-5　SmartArtにスタイルが適用され、SmartArt全体のデザインが変更されます。

● 図形のスタイル

　SmartArtツールの［**書式**］タブは、SmartArt内にある図形の書式を個別に指定するときに利用します。たとえば、図形の色／枠線／効果をまとめて指定したい場合は、「**図形のスタイル**」を使って次ページのように操作します。

Step 20　SmartArtの作成と編集（3）　**83**

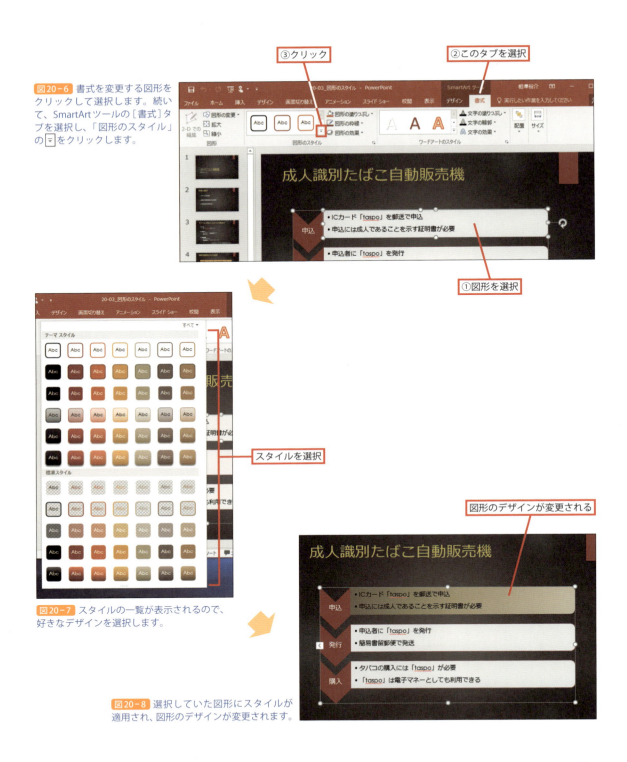

図20-6 書式を変更する図形をクリックして選択します。続いて、SmartArtツールの[書式]タブを選択し、「図形のスタイル」の ▽ をクリックします。

図20-7 スタイルの一覧が表示されるので、好きなデザインを選択します。

図20-8 選択していた図形にスタイルが適用され、図形のデザインが変更されます。

● 図形の色、枠線、効果の指定

　　　もちろん、**図形の塗りつぶし**、**図形の枠線**、**図形の効果**を個別に指定して、自分でSmartArtのデザインを仕上げていくことも可能です。

図20-9 図形の書式指定

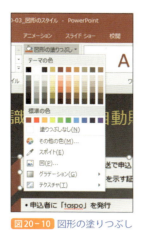

図20-10 図形の塗りつぶし

図20-11 図形の枠線

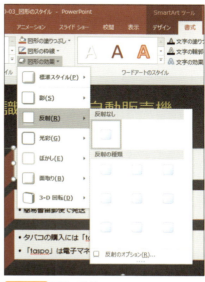

図20-12 図形の効果

演習

(1) **ステップ18の演習（1）**で保存したファイルを開き、6枚目のスライドにある**SmartArtの色**を「**カラフル-全アクセント**」に変更してみましょう。また、SmartArtに「**パウダー**」の**スタイル**を適用してみましょう。

(2) SmartArt内にある3つの**図形**に対して、それぞれ以下のような**図形のスタイル**を適用してみましょう。また、図形内の**文字色**を「**白**」に変更してみましょう。

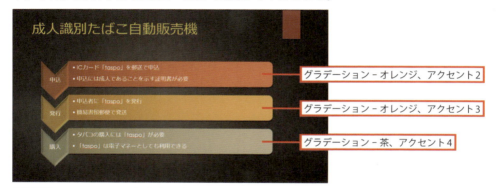

《作業後にファイルの上書き保存を行い、ファイルを更新しておきます》

Step 21 図形の描画

ステップ21では、四角形や円、矢印、リボンなどの図形をスライド上に描画する方法を解説します。また、描画した図形の塗りつぶし、枠線、効果といった書式を変更する方法も解説します。

● 図形の描画

［挿入］タブにある「図形」を利用すると、スライド上にさまざまな形状の図形を描くことができます。まずは図形を描画するときの操作手順を解説します。

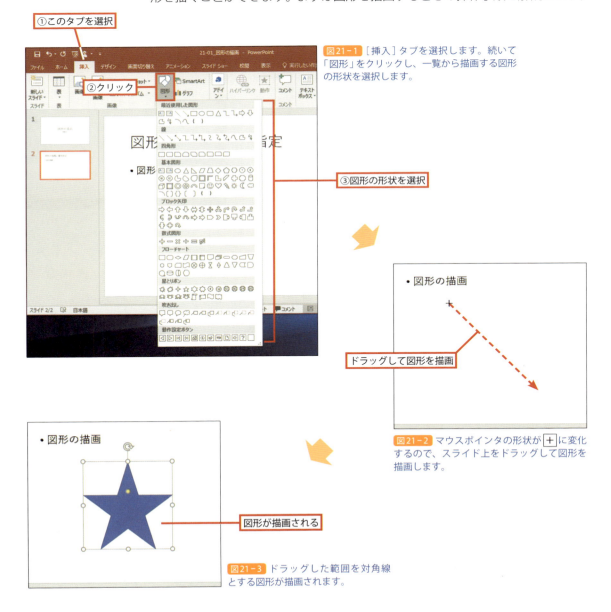

図21-1 ［挿入］タブを選択します。続いて「図形」をクリックし、一覧から描画する図形の形状を選択します。

図21-2 マウスポインタの形状が ＋ に変化するので、スライド上をドラッグして図形を描画します。

図21-3 ドラッグした範囲を対角線とする図形が描画されます。

図形のサイズ変更と移動

ワンポイント

調整ハンドル
図形によっては調整ハンドル（黄色いハンドル）が表示される場合もあります。このハンドルは図形の形状を変更するときに利用します。

描画した図形のサイズを変更するときは、四隅にある**ハンドル**をドラッグします。また、図形そのものをドラッグすると図形の位置を移動できます。

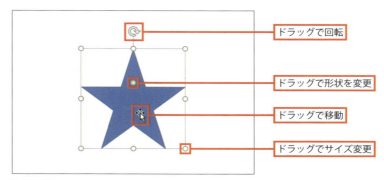

図21-4　図形のサイズ変更と移動

図形の書式指定

描画した図形を選択すると、**描画ツール**の［書式］タブを利用できるようになります。このタブには、図形の色や枠線などの書式を指定するコマンドが用意されています。

図21-5　描画ツールの書式タブ

◆ **図形の塗りつぶし**（ ）

図形の内部を塗りつぶす色を変更できます。

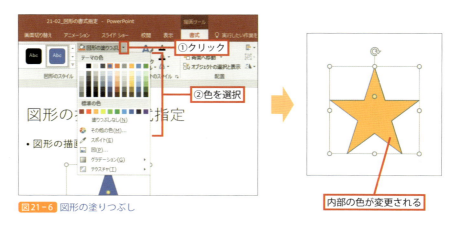

図21-6　図形の塗りつぶし

Step 21　図形の描画 | **87**

◆ 図形の枠線（ ![icon] ）
　図形を囲む枠線の色、太さ、線種を変更できます。

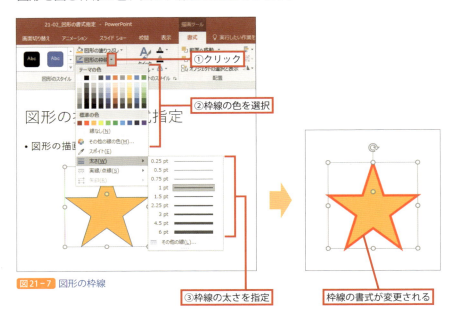

図21-7　図形の枠線

◆ 図形の効果（ ![icon] ）
　図形に影を付けたり、図形を立体化したりできます。

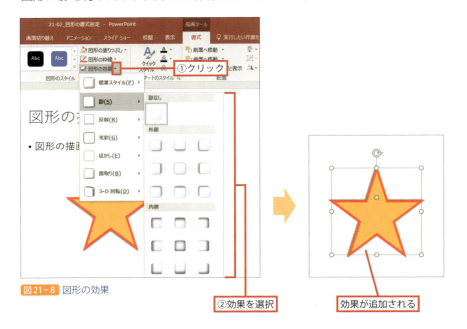

図21-8　図形の効果

● **図形のスタイル**

［書式］タブには、図形の塗りつぶし、枠線、効果の書式を組み合わせた**図形のスタイル**も用意されています。こちらは、図形の書式を手軽に指定したいときに活用できます。

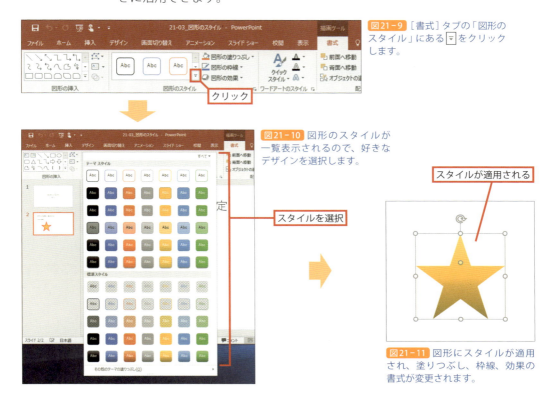

図21-9 ［書式］タブの「図形のスタイル」にある▼をクリックします。

図21-10 図形のスタイルが一覧表示されるので、好きなデザインを選択します。

図21-11 図形にスタイルが適用され、塗りつぶし、枠線、効果の書式が変更されます。

演習

（1）PowerPointを起動し、**2枚目のスライド**を以下のように作成してみましょう。

（2）矢印の図形の塗りつぶしを「**オレンジ**」、枠線を「**赤、4.5ポイント**」に変更してみましょう
（3）矢印の図形に「**光沢 - オレンジ、アクセント2**」のスタイルを適用してみましょう。

Step 21 図形の描画 | **89**

Step 22 テキストボックスの活用

PowerPointには、図形内に文字を入力できるテキストボックスも用意されています。スライド上の好きな位置に文字を配置するときに活用できるでしょう。続いては、テキストボックスの使い方を解説します。

● テキストボックスの利用

テキストボックスは内部に文字を入力できる図形で、スライド上の好きな位置に文字を配置したい場合に活用できます。スライド上にテキストボックスを描画するときは、以下のように操作します。

図22-1 ［挿入］タブにある「テキストボックス」の▼をクリックし、横書き／縦書きを選択します。

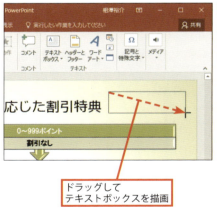

図22-2 スライド上をドラッグしてテキストボックスを描画します。なお、この操作により指定できるのは、テキストボックスの幅だけです。テキストボックスの高さは、入力した文字数に応じて自動的に変化します。

図22-3 テキストボックスの内部をクリックするとカーソルが表示され、文字を入力できるようになります。

もちろん、テキストボックス内に入力した文字の書式を変更することも可能です。この場合は、通常の文字と同じように［ホーム］タブで書式を指定します。

図22-4 テキストボックス内の文字の書式指定

●テキストボックスのサイズ変更と移動

　描画したテキストボックスは、そのサイズや位置を自由に変更できます。サイズを変更するときは四隅にある**ハンドル**をドラッグします。位置を移動するときは、テキストボックスの枠線をドラッグします。

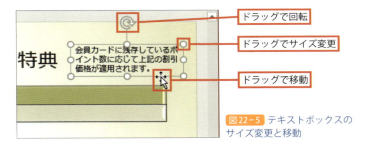

図22-5 テキストボックスのサイズ変更と移動

●テキストボックスの書式指定

　テキストボックスは図形の一種となるため、**塗りつぶし**や**枠線**などの書式を変更することも可能です。この操作手順はP87～89で解説した手順と同じです。

図22-6 テキストボックスの書式指定

なお、テキストボックス内の色を透明にし、スライドの背景が透けて見えるようにするときは、「図形の塗りつぶし」（　）に「塗りつぶしなし」を指定します。

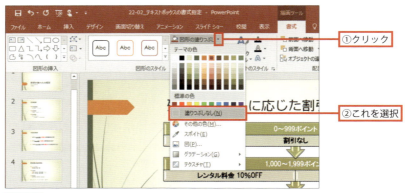
図22-7　テキストボックスの背景を透明に戻す操作

● 図形内に文字を入力

　テキストボックスではない通常の図形も、その内部に文字を入力することが可能です。この場合は描画した図形を選択し、そのままキーボードから文字入力を行います。

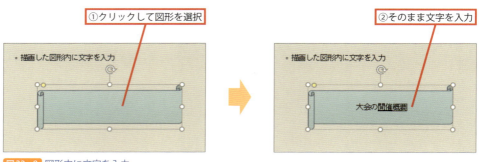
図22-8　図形内に文字を入力

　もちろん、図形内に入力した文字の書式を変更することも可能です。この場合は［ホーム］タブにあるコマンドを使って書式を指定します。

図22-9　図形内の文字の書式指定

● 図形内の文字の配置

図形内に入力した文字の「上下方向の配置」や「上下左右の余白」を調整したいときは、図形を右クリックして「図形の書式設定」を選択し、設定変更を行います。

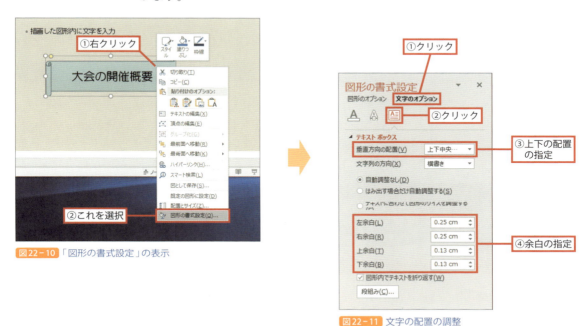

図22-10 「図形の書式設定」の表示

図22-11 文字の配置の調整

演習

（1）ステップ20の演習（2）で保存したファイルを開き、4枚目のスライドに出典：厚生労働省　平成27年「国民健康・栄養調査」の結果という文字をテキストボックスで配置してみましょう。

（2）テキストボックスに「光沢 – 濃い赤、アクセント1」のスタイルを適用してみましょう。また、テキストボックス内の文字の書式を「游ゴシック Medium、16ポイント」に変更してみましょう。

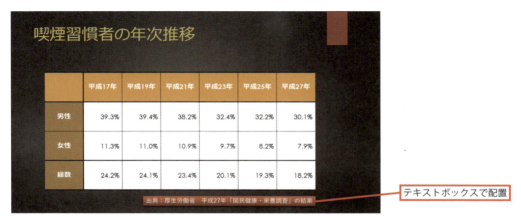

《作業後にファイルの上書き保存を行い、ファイルを更新しておきます》

Step 22　テキストボックスの活用 | **93**

スライドショーとリハーサル

これまでの解説でスライドの作成方法をひととおり学習することができました。続いては、実際に発表を行うときに必要となるスライドショーの実行方法を解説します。

● スライドショーの実行

スライドショーは、作成したスライドを順番に画面全体に表示する機能です。実際に発表を行うときは、この機能を使って画面にスライドを表示しながら発表内容を説明していきます。スライドショーを実行するときは以下のように操作します。

図23-1 [スライドショー]タブを選択し、「最初から」をクリックします。

クリックで次のスライドへ

図23-2 1枚目のスライド（タイトル スライド）が画面全体に表示されます。この状態でマウスをクリックすると…、

ワンポイント

[F5]キーの利用
キーボードの[F5]キーを押して、スライドショーを開始することも可能です。

クリックで次のスライドへ

図23-3 2枚目のスライドが画面全体に表示されます。このように、スライドショーでは、マウスのクリックで表示するスライドを進めていきます。

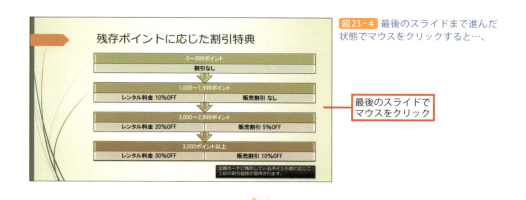

図23-4 最後のスライドまで進んだ状態でマウスをクリックすると…、

最後のスライドで
マウスをクリック

図23-5 「スライドショーの最後です。クリックすると終了します。」と書かれた黒い画面が表示されます。さらにマウスをクリックすると…、

さらにマウスをクリック

 ワンポイント

強制終了
スライドショーを途中で強制終了させるときは、キーボードの[Esc]キーを押します。

図23-6 スライドショーが終了し、通常の編集画面に戻ります。

● リハーサルの実行

ワンポイント

発表用原稿の作成
PowerPointには、発表時に読み上げる原稿を作成する機能も用意されています。この機能の使い方はステップ27で詳しく解説します。

　卒業論文などの発表では、発表時間に制限が設けられているのが一般的です。このような場合は、PowerPointに用意されている**リハーサル**機能を使って発表の練習を行っておくのが基本です。リハーサル機能を使ってスライドショーを実行すると、現在の経過時間を確認しながらスライド表示を進めていけるようになります。

Step 23　スライドショーとリハーサル | **95**

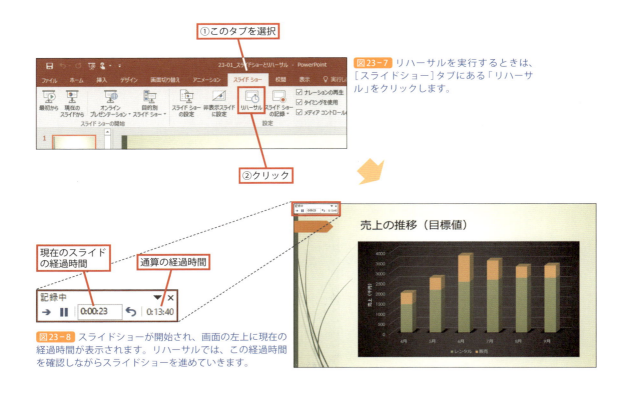

図23-7 リハーサルを実行するときは、[スライドショー]タブにある「リハーサル」をクリックします。

図23-8 スライドショーが開始され、画面の左上に現在の経過時間が表示されます。リハーサルでは、この経過時間を確認しながらスライドショーを進めていきます。

　　リハーサルが終了すると、以下のようなウィンドウが表示されます。ここでは必ず[いいえ]ボタンをクリックするのが基本です。

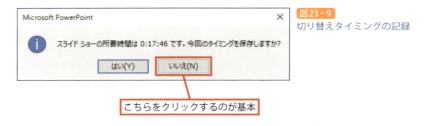

図23-9 切り替えタイミングの記録

　　[はい]ボタンをクリックした場合は、今回のリハーサルで**スライドを切り替えたタイミング**が記録され、次回の**スライドショー**から記録されたタイミングで自動的にスライドが切り替わるようになります。実際に発表を行うときに、マウスのクリックでスライドを切り替えたい場合は、必ず[いいえ]ボタンをクリックしてください。

図23-10 間違って[はい]ボタンをクリックした場合は、[スライドショー]タブにある「タイミングを使用」のチェックを外すと、記録されたタイミングを無効にできます。

● 表示しないスライドの指定

ワンポイント

非表示スライドの解除
非表示に設定したスライドをスライドショーの対象に戻すときは、そのスライドを選択した状態で、再度「非表示スライドに設定」をクリックします。

リハーサルを行った結果、制限時間をオーバーしていることに気付く場合もあると思います。このような場合は、重要度の低いスライドを非表示スライドに設定し、説明の一部を省略すると発表時間を短縮できます。

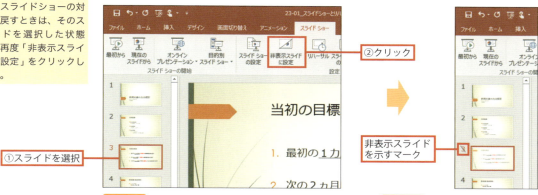

図23-11 スライドショーから省くスライドを選択し、［スライドショー］タブにある「非表示スライドに設定」をクリックします。

図23-12 選択していたスライドがスライドショーの対象外になります。

● スライドショーを大画面に表示するには…？

普通にスライドショーを実行した場合は、パソコンの画面にスライドが表示されます。この状態では多くの人にスライドを示すことができません。出席者全員がスライドを閲覧できるようにするには、パソコンの画面をプロジェクターや大型テレビなどに映し出す必要があります。

実際に発表を行うときは会場の設備を確認し、事前に接続方法などを確認しておくのを忘れないようにしてください。

図23-13 PC入力に対応する機器にパソコンを接続するときは、「外部モニタケーブル」を利用します。

図23-14 デジタル入力（HDMI）に対応する機器にパソコンを接続するときは、「HDMIケーブル」を利用します。

────────── 演 習 ──────────

（1）ステップ22の演習（2）で保存したファイルを開き、スライドショーを実行してみましょう。
（2）続いて、リハーサルを実行してみましょう。
　　※リハーサル終了後は［いいえ］ボタンをクリックします。
（3）2枚目のスライドを非表示スライドに設定し、スライドショーを実行してみましょう。
（4）2枚目のスライドに指定した非表示スライドを解除し、元の状態に戻してみましょう。
《作業後にファイルの上書き保存を行い、ファイルを更新しておきます》

Step 24 画面切り替えの指定

PowerPointには、スライドショーをアニメーション表示する機能が装備されています。まずは、スライドを切り替えるときにアニメーション表示を行う「画面切り替え」の指定方法から解説します。

● 画面切り替えの指定

スライドショーで次のスライドを表示させるときに、スライドの切り替えをアニメーション表示させることも可能です。発表内容に直接関連する機能ではありませんが、発表を演出する方法の一つとして試してみるとよいでしょう。スライドを切り替えるときのアニメーションは[画面切り替え]タブで指定します。

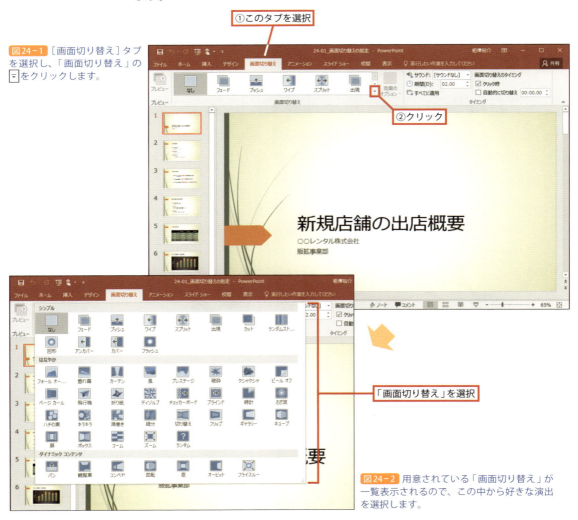

図24-1 [画面切り替え]タブを選択し、「画面切り替え」の▼をクリックします。

図24-2 用意されている「画面切り替え」が一覧表示されるので、この中から好きな演出を選択します。

98

図24-3 スライドに「画面切り替え」が指定され、スライド一覧にアニメーション指定を示すマークが表示されます。

ここまでの操作で「画面切り替え」の指定はとりあえず完了となります。ただし、この場合は**選択していたスライド**だけに「画面切り替え」が指定されることに注意してください。全てのスライドに同じ「画面切り替え」を指定するには、続けて**「すべてに適用」**をクリックする必要があります。

図24-4 全てのスライドに同じ「画面切り替え」を指定する場合は、「すべてに適用」をクリックします。

図24-5 全てのスライドにアニメーション指定のマークが表示されます。

●速度と効果音の指定

スピーカーとの接続
発表時に効果音を鳴らすには、会場に設置されているスピーカーとパソコンを接続しておく必要があります。

[画面切り替え]タブには、「画面切り替え」のオプションや効果音、速度を指定するコマンドも用意されています。これらの設定は、各自の好みに合わせて変更するようにしてください。

図24-6 効果音の指定

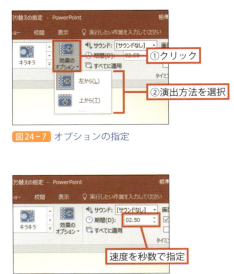

図24-7 オプションの指定

図24-8 速度の指定

　なお、この場合も設定変更が適用されるのは選択していたスライドだけとなります。全てのスライドに同じ指定を行うには、続けて**「すべてに適用」**をクリックしなければいけません。

図24-9 全てのスライドに同じオプション、効果音、速度を指定するには、続けて「すべてに適用」をクリックします。

● 画面切り替えの確認

　スライドに指定した「画面切り替え」は、**スライドショー**を実行すると確認できます。この操作手順はステップ23で解説したとおりです。

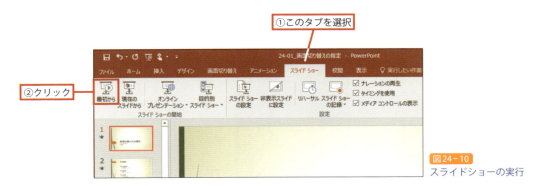

図24-10 スライドショーの実行

100

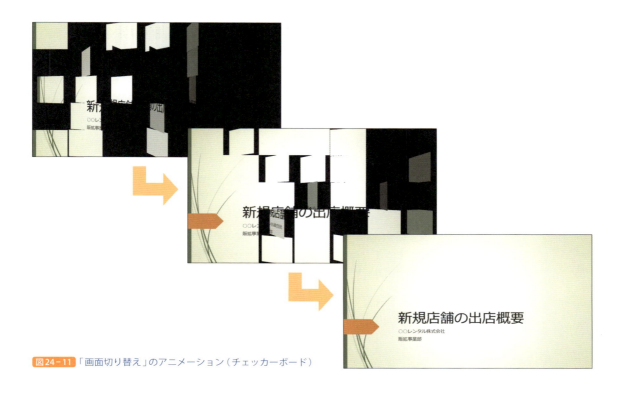

図24-11 「画面切り替え」のアニメーション（チェッカーボード）

● 画面切り替えの解除

　スライドに指定した**「画面切り替え」**を解除するときは、「画面切り替え」の一覧で**「なし」**を選択します。また、効果音は**「サウンドなし」**を選択すると解除できます。

図24-12 画面切り替えの解除

図24-13 全てのスライドから「画面切り替え」や効果音を解除するには、続けて「すべてに適用」をクリックします。

演 習

（1）**ステップ23の演習（4）**で保存したファイルを開き、全てのスライドに**「渦巻き」**の**「画面切り替え」**を指定してみましょう。その後、**スライドショー**を実行し、画面切り替えの動作を確認してみましょう。
　《作業後にファイルの上書き保存を行い、ファイルを更新しておきます》

アニメーションの指定

PowerPointには、スライド内の各要素に対してアニメーションを指定する機能も用意されています。続いては、スライド内にアニメーションを指定する方法を解説します。

●スライド内のアニメーションとは…？

まずは**スライド内のアニメーション**について説明します。スライド内のアニメーションは、**スライドショー**の実行時にスライドの内容を一度に表示するのではなく、1つずつ順番に表示していきたい場合などに活用できます。以下に例を示しておくので参考としてください。

図25-1 最初はスライドのタイトルだけが表示されます。この状態でマウスをクリックすると…、

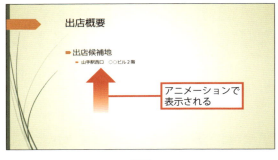

図25-2 1番目の要素がアニメーションで表示されます。さらに、マウスをクリックすると…、

図25-3 2番目の要素がアニメーションで表示されます。このように、マウスのクリックでスライド内の要素を1つずつアニメーション表示させていくことも可能です。全ての要素が表示された後にマウスをクリックすると、次のスライドに切り替わります。

● **スライド内のアニメーションの指定**

ワンポイント

アニメーションの単位
文字にアニメーションを指定するときは、段落を1つの単位としてアニメーションを指定します。文字単位ではアニメーションを指定できないことに注意してください。

　それでは、スライド内のアニメーションを指定する方法を解説していきます。ここでは、前ページのアニメーションを例に指定方法を解説します。

図25-4　1番目にアニメーション表示させる要素（段落）を選択します。続いて、［アニメーション］タブを選択し、「アニメーション」の▼をクリックします。

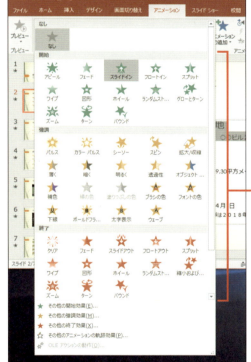

図25-5　アニメーションの一覧が表示されるので、この中から好きなアニメーションを選択します。

図25-6　続いて、2番目のアニメーションを指定します。2番目にアニメーション表示させる要素（段落）を選択し、「アニメーション」の▼をクリックします。

Step25　アニメーションの指定

図25-7 一覧からアニメーションを選択し、2番目に選択した要素（段落）にアニメーションを指定します。

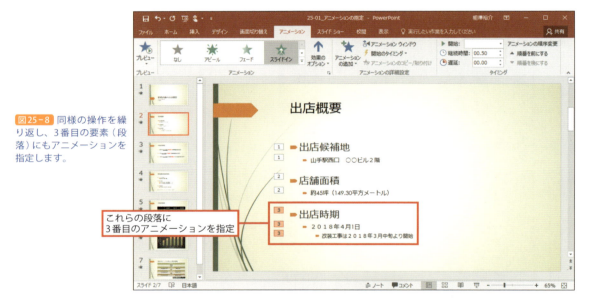

図25-8 同様の操作を繰り返し、3番目の要素（段落）にもアニメーションを指定します。

図25-9 指定したアニメーションの動作を確認するときは、ウィンドウの右下にある⚟をクリックします。すると、現在のスライドからスライドショーが開始されます。

● アニメーションの変更と解除

［アニメーション］タブを選択すると、アニメーションが指定されている要素に1や2などのアイコンが表示されます。これらのアイコンは**アニメーションが実行される順番**を示しています。

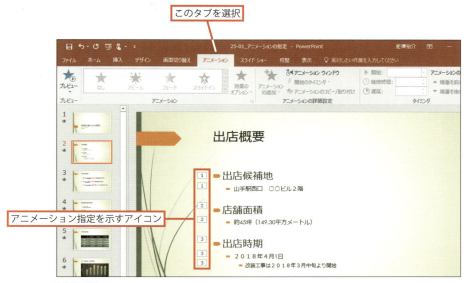

図25-10 アニメーション指定のアイコン

　各要素に指定したアニメーションを変更する場合は、1や2などのアイコンをクリックして選択し、[アニメーション]タブで指定をやり直します。このとき「なし」のアニメーションを指定すると、そのアニメーションを解除できます。

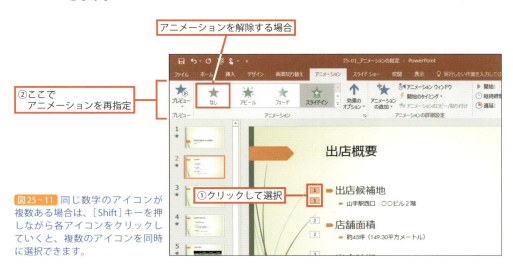

図25-11 同じ数字のアイコンが複数ある場合は、[Shift]キーを押しながら各アイコンをクリックしていくと、複数のアイコンを同時に選択できます。

―― 演 習 ――

（1）ステップ24の演習（1）で保存したファイルを開き、2枚目のスライドにある各段落に「ターン」のアニメーションを指定してみましょう。その後、スライドショーを実行し、アニメーションの動作を確認してみましょう。
　　※上にある段落から順番にアニメーションを指定していきます。
《作業後にファイルの上書き保存を行い、ファイルを更新しておきます》

Step 26 配布資料の作成

続いては、発表を見に来た人（出席者）に手渡す配布資料の作成方法を解説します。PowerPointには作成したスライドを縮小して印刷する機能が用意されているため、簡単に配布資料を作成することができます。

● 印刷プレビューの表示

PowerPointには、作成したスライドを**配布資料**として印刷する機能が用意されています。この機能を使って配布資料を作成するときは、はじめに**印刷プレビュー**を確認しておくのが基本です。印刷プレビューは以下のように操作すると表示できます。

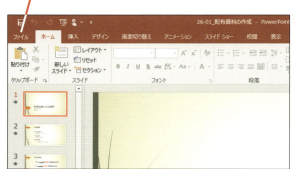

図26-1 ［ファイル］タブを選択します。

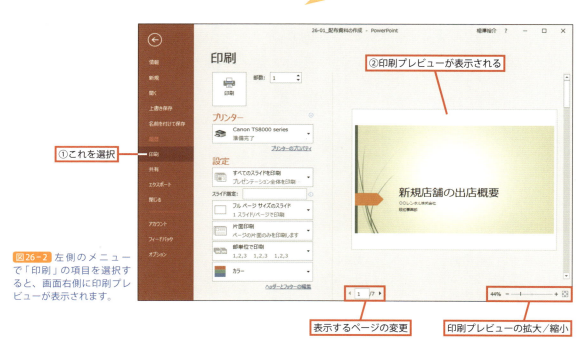

図26-2 左側のメニューで「印刷」の項目を選択すると、画面右側に印刷プレビューが表示されます。

● 印刷の設定

ワンポイント

印刷プレビューの終了
画面の左上にある ⬅ をクリックすると、通常の編集画面に戻り、印刷プレビューを終了することができます。

　印刷プレビューの左側には、印刷に関連する設定項目が並んでいます。続いては、各項目で設定する内容について解説します。

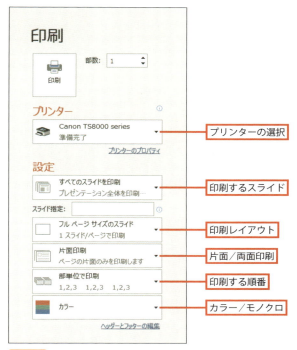

図26-3　印刷の設定

　これらのうち、最初に指定すべき設定項目は**印刷レイアウト**です。次ページに配布資料の印刷でよく利用される印刷レイアウトをまとめておくので参考にしてください。

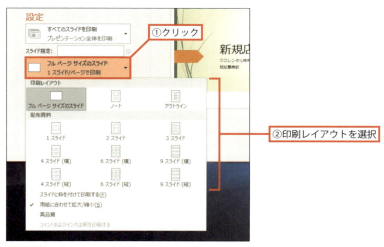

図26-4　印刷レイアウトの指定

Step 26　配布資料の作成　**107**

ワンポイント

ノートの印刷
「ノート」の印刷レイアウトは発表用原稿を印刷するときに利用します。これについては、ステップ27で詳しく解説します。

ワンポイント

アウトライン
「アウトライン」の印刷レイアウトは、スライドの文字だけを一覧形式で印刷する場合に利用します。この印刷結果は、スライドの構成を確認する場合などに活用できます。

◆ **フルページサイズのスライド**
スライドを用紙に1枚ずつ印刷します。この印刷結果は、作成したスライドを校正する場合などに活用できます。

図26-5 フルページサイズのスライド

◆ **配布資料**
出席者向けの配布資料を作成するときは、「配布資料」の中から印刷レイアウトを選択します。ここには全部で9種類の印刷レイアウトが用意されており、それぞれ1枚の用紙に印刷される**スライドの数**や**スライドを並べる方向**が異なります。「3スライド」の印刷レイアウトには、出席者がメモをとるためのスペースが設けられています。

図26-6 2スライド

図26-7 3スライド

図26-8 4スライド（横）

図26-9 6スライド（横）

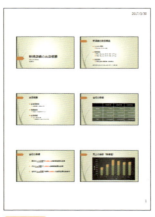

図26-10 6スライド（縦）

図26-11 9スライド（横）

「配布資料」の印刷レイアウトを選択すると、**用紙の向き**（縦／横）を指定する設定項目が表示されます。「4スライド」や「9スライド」の印刷レイアウトでは、用紙の向きを「横方向」にするとスライドを大きく印刷できます。

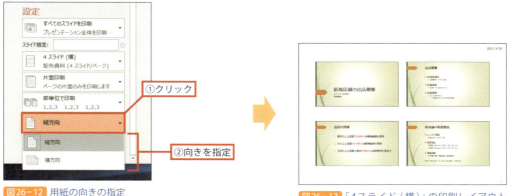

図26-12 用紙の向きの指定

図26-13 「4スライド（横）」の印刷レイアウトを、用紙の向き「横方向」で印刷した場合

● 印刷の実行

印刷設定が済んだら、各ページを印刷する枚数を**「部数」**に指定します。続いて、**［印刷］ボタン**をクリックすると、スライド（配布資料）を指定したレイアウトで印刷できます。

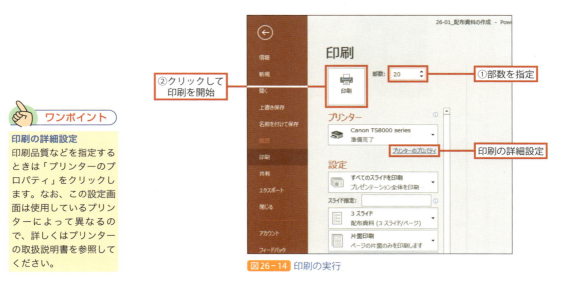

図26-14 印刷の実行

ワンポイント

印刷の詳細設定
印刷品質などを指定するときは「プリンターのプロパティ」をクリックします。なお、この設定画面は使用しているプリンターによって異なるので、詳しくはプリンターの取扱説明書を参照してください。

演習

(1) **ステップ25の演習（1）** で保存したファイルを開き、**配布資料**の「**3スライド**」の印刷レイアウトでスライドを印刷してみましょう。

Step 26　配布資料の作成　**109**

Step 27 発表用原稿の作成

実際に発表を行うときは、発表時に読み上げる原稿も用意しておく必要があります。続いては、発表用原稿をPowerPointで作成する方法について解説します。

● 発表用原稿の入力

発表用の原稿を作成するときは、各スライドの**ノート**を利用すると便利です。ノートはスライドごとに用意されているメモ欄のような存在で、発表用原稿を作成する場所として活用できます。もちろん、ノートに入力した文字が**スライドショー**に表示されることはありません。ノートに文字を入力するときは、以下のように操作します。

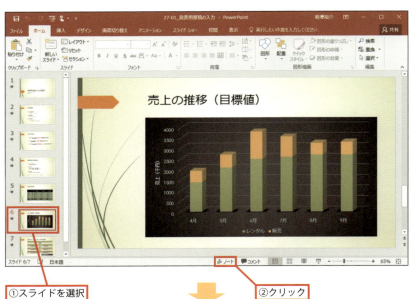

図27-1 ノートを編集するスライドを選択し、ウィンドウの下部にある「ノート」をクリックします。

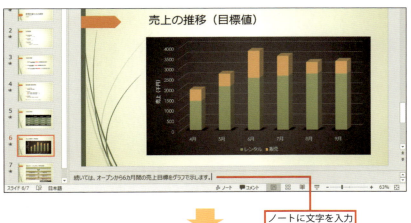

図27-2 ノートの領域が表示されるので、キーボードから文字を入力していきます。

ノートの領域の非表示
ウィンドウの下部にある「ノート」を再度クリックすると、ノートの領域を非表示に戻すことができます。

110

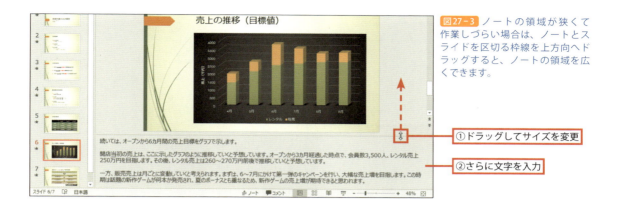

図27-3 ノートの領域が狭くて作業しづらい場合は、ノートとスライドを区切る枠線を上方向へドラッグすると、ノートの領域を広くできます。

● ノートの画面表示

何行もの文章をノートに入力するときは、画面表示を「ノート」に切り替えてから作業を行います。画面表示の切り替えは以下のように行います。

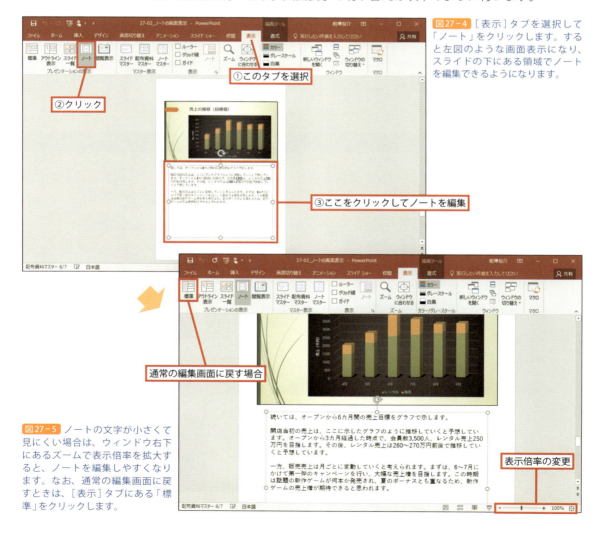

図27-4 ［表示］タブを選択して「ノート」をクリックします。すると左図のような画面表示になり、スライドの下にある領域でノートを編集できるようになります。

図27-5 ノートの文字が小さくて見にくい場合は、ウィンドウ右下にあるズームで表示倍率を拡大すると、ノートを編集しやすくなります。なお、通常の編集画面に戻すときは、［表示］タブにある「標準」をクリックします。

Step 27　発表用原稿の作成　111

● **ノートに入力した文字の書式指定**

ノートに入力した文字は、スライド上の文字と同じ手順で**文字の書式**や**段落の書式**を指定できます。できるだけ原稿が見やすくなるように、適当な書式を指定しておくとよいでしょう。

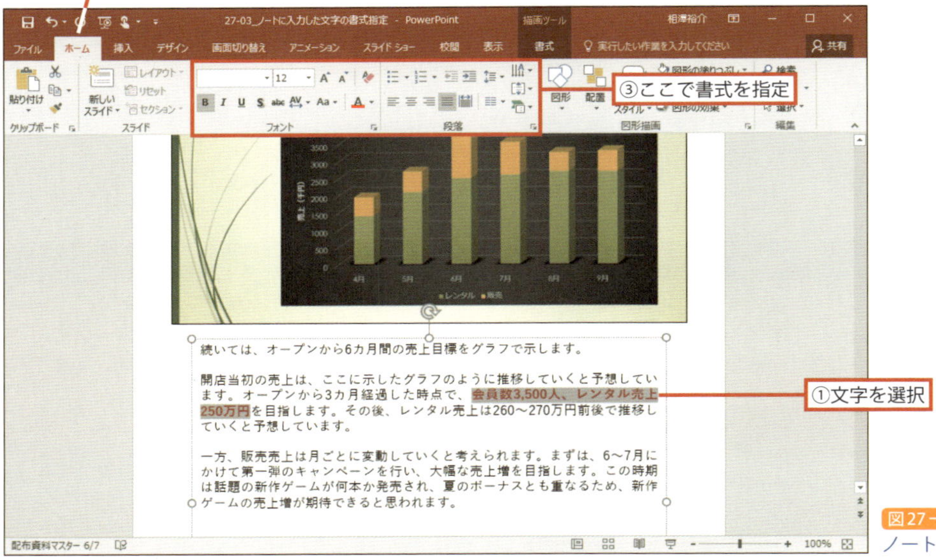

②このタブを選択
③ここで書式を指定
①文字を選択

図27-6 ノートの文字の書式指定

● **ノートの印刷**

ノートに入力した発表用原稿は、**印刷**して利用するのが一般的です。ノートを含めた形でスライドを印刷するときは、以下のように操作します。

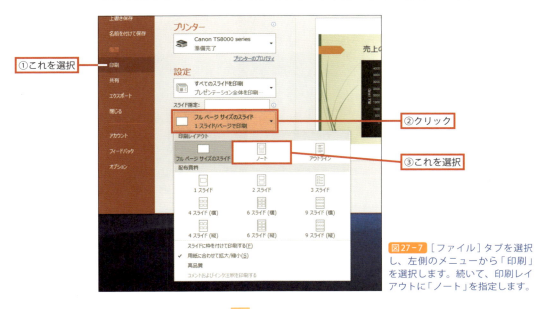

①これを選択
②クリック
③これを選択

図27-7 ［ファイル］タブを選択し、左側のメニューから「印刷」を選択します。続いて、印刷レイアウトに「ノート」を指定します。

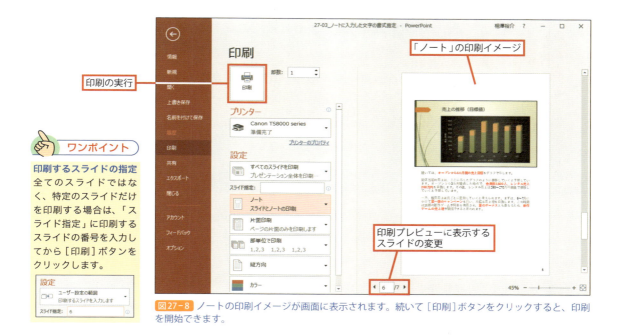

図27-8 ノートの印刷イメージが画面に表示されます。続いて［印刷］ボタンをクリックすると、印刷を開始できます。

演習

(1) **ステップ25の演習（1）**で保存したファイルを開き、**5枚目のスライド**の**ノート**に以下のような発表用原稿を入力してみましょう。
　※画面表示を「ノート」に変更してから作業を行います。

> 続いて、喫煙率の年次推移をグラフで示します。
>
> このグラフを見ると、喫煙率は緩やかな下降傾向にあると考えられます。男性の喫煙率は10年前に比べて約10％も下降しており、単純に喫煙率を比較すると、おおよそ4人に1人がタバコを辞めた計算になります。
>
> また、平成22年の前後で喫煙率が大きく下降していることも特徴の一つです。これは平成22年10月に「たばこ税」が大幅に引き上げられたことが原因で、健康面だけでなく、経済的な理由からタバコを辞めた人も多くいると思われます。

(2) **ノート**に入力した文字の行揃えを**「両端揃え」**に変更してみましょう。また、以下の文字の書式を**太字**、**文字色「赤」**に変更してみましょう。

　　　　・おおよそ4人に1人がタバコを辞めた
　　　　・平成22年10月に「たばこ税」が大幅に引き上げられた

　　《作業後にファイルの上書き保存を行い、ファイルを更新しておきます》

(3) **5枚目のスライド**だけを**「ノート」**の印刷レイアウトで印刷してみましょう。

Step 28 ヘッダーとフッター

続いては、ヘッダー・フッターの指定方法を解説します。PowerPointでは、配布資料やノートといった印刷結果だけでなく、各スライドにもヘッダー・フッターを指定できます。

●ヘッダー・フッターとは…？

ヘッダー・フッターとは、用紙の上下にある余白部分に表示（印刷）される文字のことを指します。上の余白に表示される文字は**ヘッダー**、下の余白に表示される文字は**フッター**と呼ばれています。ヘッダー・フッターには、ファイル名や日付、作成者、ページ番号などを指定するのが一般的で、主に印刷結果を整理するときの情報欄として利用します。

もちろん、PowerPointにもヘッダー・フッターを指定する機能が用意されています。たとえば、**配布資料**や**ノート**の印刷レイアウトの場合、図28-1に示した項目をヘッダー・フッターに配置できます。

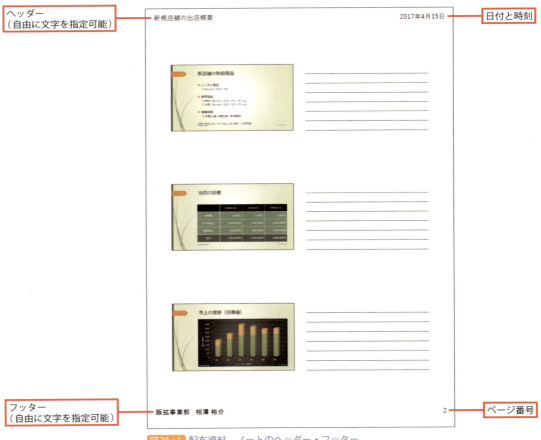

図28-1 配布資料、ノートのヘッダー・フッター

また、**スライド番号**や**フッター**をスライドに指定することも可能です。スライドの場合は、以下のような項目を指定できます。

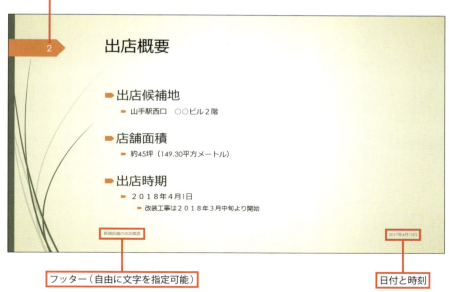

図28-2
スライドのフッター
※各項目の位置は、スライドに適用しているテーマにより異なります。

● スライドのフッター

それでは、**ヘッダー・フッター**を指定するときの操作手順を解説していきます。まずは、**スライドのフッター**を指定する手順から解説します。

図28-3 ［挿入］タブを選択し、「ヘッダーとフッター」をクリックします。

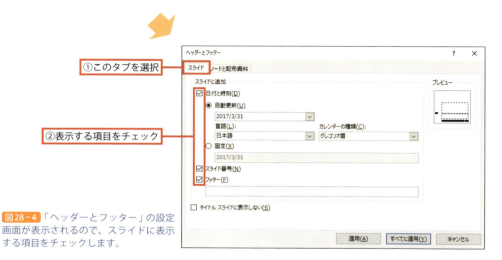

図28-4 「ヘッダーとフッター」の設定画面が表示されるので、スライドに表示する項目をチェックします。

Step 28　ヘッダーとフッター

この設定画面で「日付と時刻」をチェックし、「自動更新」を選択すると、現在の日時がスライドの下部に印刷されます。日時の表記方法は、以下のように指定します。

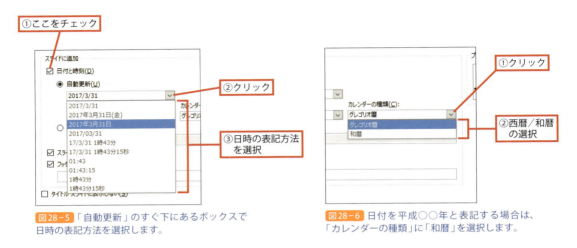

図28-5　「自動更新」のすぐ下にあるボックスで日時の表記方法を選択します。

図28-6　日付を平成○○年と表記する場合は、「カレンダーの種類」に「和暦」を選択します。

　表示（印刷）する日時を自分で指定する場合は「固定」を選択し、日時をキーボードから入力します。

図28-7　「固定」を選択した場合は、テキストボックスに入力した日時がそのまま表示（印刷）されます。

　「フッター」には自由に文字を指定できます。「フッター」を表示（印刷）する場合は、その文字をテキストボックスに入力します。

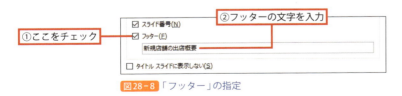

図28-8　「フッター」の指定

　必要な項目を指定できたら［すべてに適用］ボタンをクリックします。これでフッターの指定は完了となります。［適用］ボタンをクリックした場合は、現在選択されているスライドだけにフッターの指定が適用されます。
　なお、ここで指定した項目はスライドショーにも表示されることに注意してください。これらの項目をスライドショーに表示したくない場合は、全てのチェックボックスをOFFにしておく必要があります。

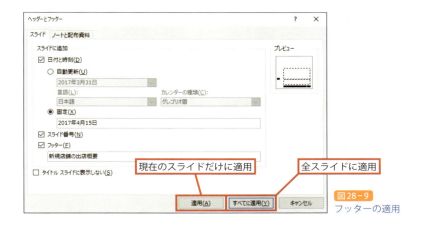

図28-9 フッターの適用

●ノート、配布資料のヘッダー・フッター

ノートや配布資料のヘッダー・フッターは、［ノートと配布資料］タブで指定します。この指定手順は、スライドのフッターを指定する場合と基本的に同じです（各項目が表示される位置はP114を参照）。

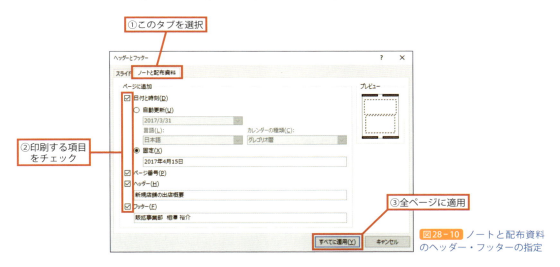

図28-10 ノートと配布資料のヘッダー・フッターの指定

――― 演 習 ―――

(1) ステップ27の演習（2）で保存したファイルを開き、配布資料とノートに以下のヘッダー・フッターを指定してみましょう。また、印刷プレビューで配布資料「3スライド」を指定し、印刷イメージを確認してみましょう。

　　　・ヘッダー ……… 「タバコと健康」という文字
　　　・日付と時刻 …… 今日の日付（表記方法：平成○○年○○月○○日）
　　　・ページ番号 …… あり

《作業後にファイルの上書き保存を行い、ファイルを更新しておきます》

発表者ビューの操作

続いては、発表時にパソコンの画面に表示される「発表者ビュー」の操作方法について解説します。実際に発表を行うときに戸惑わないように、あらかじめ操作方法を確認しておくとよいでしょう。

● 発表者ビューの表示

プロジェクターや大画面TVにパソコンを接続した状態で**スライドショー**を実行すると、外部モニター（プロジェクターなど）の画面にスライドショーが表示され、パソコンの画面には**発表者ビュー**が表示されます。よって、発表者ビューの操作方法も覚えておく必要があります。

PowerPointには、パソコン単体でも発表者ビューの動作を確認できる機能が用意されています。この方法でスライドショーを実行するときは、以下のように操作します。

図29-1 発表者ビューの動作を確認するときは、［Alt］キーを押しながら［F5］キーを押してスライドショーを開始します。

［Alt］＋［F5］キーを押す

発表者ビューが表示される

図29-2 パソコンの画面全体に発表者ビューが表示されます。

● 発表者ビューの画面構成

ワンポイント

キーボードを使った操作
スライドショーの実行中にキーボードの［→］キーを押して次のスライドへ進むこともできます。また、［←］キーを押すと1つ前のスライドに戻ることができます。

発表者ビューは、以下に示したような画面構成になっています。スライドショー実行中の操作はこれまでに解説した方法と同じで、マウスの**クリック**によりスライド表示（またはアニメーション）を進めていきます。そのほか、発表者ビューに用意されているアイコンをクリックして前後のスライドへ移動することも可能です。発表者ビューの画面右下には各スライドの**ノート**が表示されます。

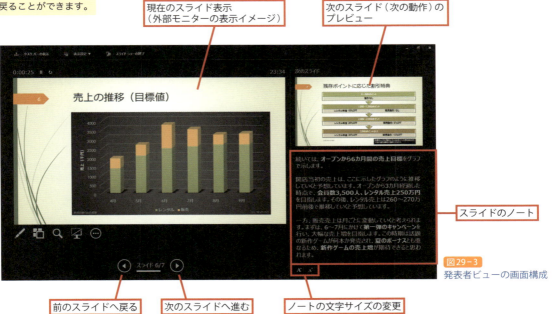

図29-3　発表者ビューの画面構成

● レーザーポインターの利用

スライド上を光点で指し示しながら発表内容を説明したい場合は、**レーザーポインター**を利用すると便利です。レーザーポインターを利用するときは、以下のように操作します。

図29-4　✐のアイコンをクリックして「レーザーポインター」を選択します。

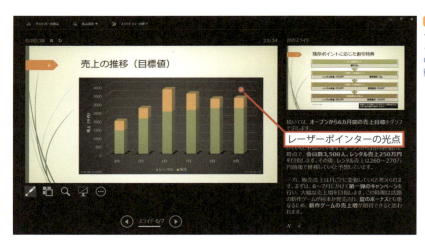

図29-5 スライド上にレーザーポインターの光点が表示されます。この状態でマウスを動かすと、その動きに合わせて光点の位置を移動できます。

なお、レーザーポインターの利用を途中でやめる場合は、再び ✎ から「レーザーポインター」を選択してOFFにするか、もしくはキーボードの [Esc] キーを押します。

● スライドの一覧表示

🗔 のアイコンをクリックすると、発表者ビューの表示は図29-7のようになり、全てのスライドを一覧表示できます。この機能は、好きなスライドへ即座に移動したい場合などに活用できます。

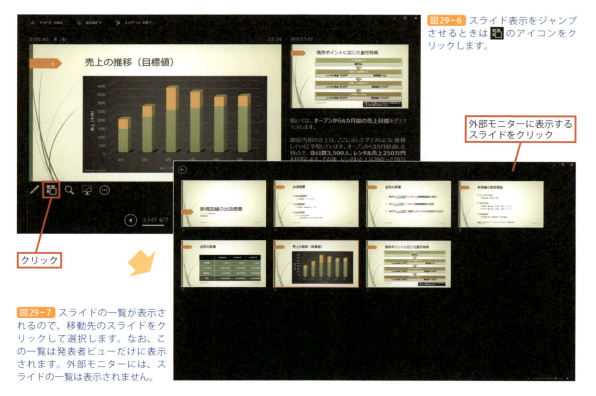

図29-6 スライド表示をジャンプさせるときは 🗔 のアイコンをクリックします。

外部モニターに表示するスライドをクリック

クリック

図29-7 スライドの一覧が表示されるので、移動先のスライドをクリックして選択します。なお、この一覧は発表者ビューだけに表示されます。外部モニターには、スライドの一覧は表示されません。

120

● スライドの拡大表示

発表者ビューには、スライドの一部分を拡大表示する機能も用意されています。スライドの文字が小さくて見えにくい場合は、この機能を使って一時的にスライド表示を拡大するとよいでしょう。

図29-8 スライドの一部分を拡大表示するときは🔍のアイコンをクリックし、マウスで拡大する範囲を指定します。拡大表示されたスライドは、マウスのドラッグで上下左右にスクロールさせることが可能です。

● その他の機能

発表者ビューにある📺のアイコンは、スライド表示を一時的に中断し、外部モニターの画面全体を黒く表示する場合に利用します。もう一度📺をクリックすると、外部モニターの画面は元のスライドショー表示に戻ります。
　⋯のアイコンには図29-9のような項目が用意されています。あまり利用する機会はありませんが、念のため確認しておいてください。

図29-9 その他のスライドショー オプション

―――― 演 習 ――――

(1) **ステップ28の演習（1）**で保存したファイルを開き、**発表者ビュー**でスライドショーを実行してみましょう。
(2) **発表者ビュー**で**レーザーポインター**を使用し、スライド上を光点で指し示してみましょう。
　　※動作を確認後、レーザーポインターをOFFにしておきます。
(3) **発表者ビュー**でスライドの一部分を**拡大表示**してみましょう。

Step 29　発表者ビューの操作 | **121**

数式の入力

最後に、スライドに数式を入力する方法を解説しておきます。PowerPointには数式ツールが用意されているため、理系の論文発表などで使用する複雑な数式も簡単に入力できます。

数式作成の準備

スライドに**数式**を入力するときは、PowerPointの**数式ツール**を利用します。まずは、以下のように操作して数式ツールを起動します。

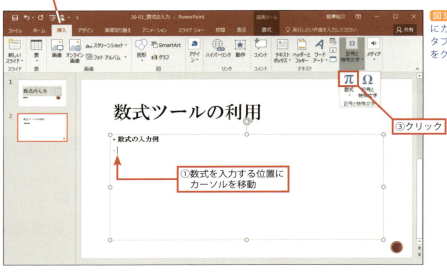

図30-1 数式を入力する位置にカーソルを移動し、[挿入]タブにある「数式」のアイコンをクリックします。

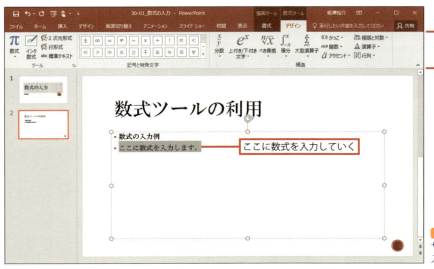

図30-2 「数式ツール」の[デザイン]タブが表示され、数式入力の準備が整います。

● **数式の入力手順**

それでは、実際に数式を入力していきましょう。数式を入力するときは、キーボードと**数式ツールのリボン**を利用して入力作業を進めていきます。

図30-3 数式を入力するときは、最初に［半角／全角］キーを押して、入力モードを半角英数に切り替えておきます。

図30-4 アルファベットや数字、＋、＝などの記号は、キーボードから直接入力します。

数学ならではの記号は、リボンに並ぶコマンドを利用して入力します。たとえば、分数を入力する場合は以下のように操作します。

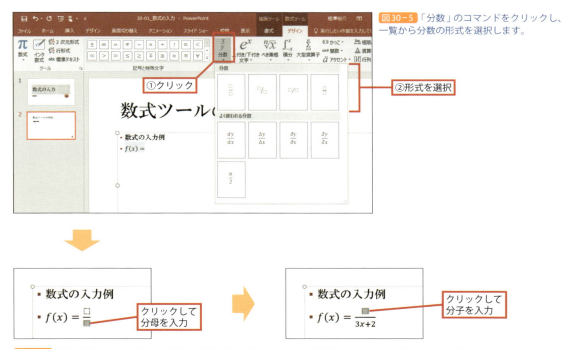

図30-5 「分数」のコマンドをクリックし、一覧から分数の形式を選択します。

図30-6 分数が挿入され、分子／分母が点線枠で表示されます。この点線枠をクリックして数字や文字を入力していきます。

このように、リボンから入力した記号は**点線枠**をクリックして文字や数字を入力していきます。√（根号）や∫（積分）、Σ（総和）、行列なども上記と同様の手順で入力できます。

● カッコの入力

数式内でカッコを使用する場合は、キーボードからカッコを入力するのではなく、数式ツールにある「**かっこ**」を利用するのが基本です。すると、内部の記述に応じてカッコのサイズが自動的に変化するようになります。

図30-7 カッコの入力

図30-8 カッコ内に分数を入力した場合

● 記号と特殊文字

キーボードに用意されていない記号などは、「**記号と特殊文字**」を利用して入力します。

図30-9 「記号と特殊文字」の ▼ をクリックします。

図30-10 一覧から記号を選択すると、その記号をカーソルがある位置に入力できます。

図30-11 目的の記号が見つからない場合は、▼ をクリックして記号の種類を変更します。

図30-12 その種類の記号が一覧表示されるので、この中から目的の記号を選択します。

数式の書式と配置

コンテンツの領域に入力した数式に行頭文字が表示されている場合は、[ホーム] タブにある ≡（箇条書き）をクリックして OFF にすると、行頭文字を削除できます。そのほか、文字サイズや行揃えなどを指定することも可能です。

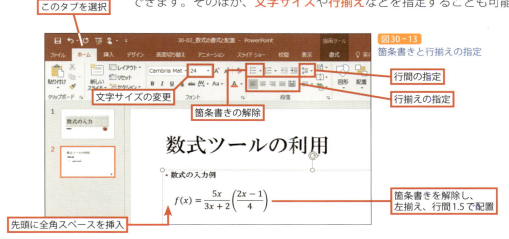

図30-13
箇条書きと行揃えの指定

テキストボックスを利用した数式作成

コンテンツの領域を選択していない状態で［挿入］タブにある「数式」のアイコンをクリックすると、数式をテキストボックスで作成できます。数式を好きな位置に配置したい場合は、この方法で数式を作成してください。

$$V(x) = \frac{1}{n}\sum_{i=1}^{n}\{x_i - E(x)\}^2$$

図30-14
テキストボックスで作成した数式

━━━ 演 習 ━━━

（1）PowerPoint を起動し、**2枚目のスライド**に以下の図のようなスライドを作成してみましょう。
　　※数式はテキストボックスで作成します。
　　※数式の文字サイズには「32ポイント」を指定します。

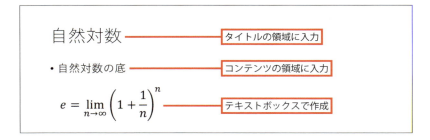

索引 Index

【英字】

OneDrive	13
SmartArt	74、78、82
SmartArtから図形を削除	81
SmartArtグラフィックの挿入	75
SmartArtに図形を追加	79
SmartArtの移動	77
SmartArtのサイズ変更	77
SmartArtのスタイル	83

【あ】

アウトライン	108
新しいスライド	18、43
新しいプレゼンテーション	7
アニメーション	102
色の設定（ウィンドウ）	28
色の変更	70、82
印刷	106、112
印刷プレビュー	106
印刷レイアウト	107、112
インデントを増やす	20
インデントを減らす	21
上付き	32
上書き保存	12、18
閲覧表示	17
欧文フォント	27

【か】

下位レベルの図形	80
箇条書き	35、36、125
箇条書きと段落番号	35
箇条書きのレベル	20
下線	30
画像	46
画像の削除	47
かっこ	124
画面切り替え	98
記号と特殊文字	124
行間	39
行揃え	38
行頭文字	20、35、36、125
行の削除	53
行の高さ	58

行の追加	52
均等割り付け	38
グラフ	62、66、70
グラフ スタイル	68
グラフ タイトル	66、73
グラフの移動	65
グラフのサイズ変更	65
グラフの挿入	62
グラフ フィルター	69
グラフ要素	66
グラフ要素を追加	67
罫線の削除	61
罫線を引く	60
効果	24
コンテンツ（の領域）	19、44

【さ】

サブタイトル	7
軸	66
軸の書式設定	72
軸ラベル	66、67、73
下付き	32
下に図形を追加	79
自動調整オプション	44
斜体	30
修整	48
図	46
数式ツール	122
ズーム	16
図形	86、92
図形の効果	84、88
図形の書式設定	93
図形のスタイル	83、89
図形の追加	79
図形の塗りつぶし	84、87、92
図形の枠線	84、88
図のスタイル	48
すべてに適用	99、100、101、116
スライド一覧	14、16、17
スライドショー	17、94、98、102、118
スライドの削除	42
スライドの挿入	18、43
スライドの並べ替え	42

スライド番号	115
セル	51
セルのサイズ	58

【た】

タイトル	7
タイトル スライド	7
高さを揃える	58
縦書き	40
タブ	14
段組み	39
段落（ウィンドウ）	40
段落番号	36
中央揃え	38
調整ハンドル	87
データ テーブル	66
データの編集	65
データ ラベル	66
テーマ	22、29
テキストボックス	90、125
動画	49
取り消し線	30
トリミング	48

【な】

名前を付けて保存	10、12
日本語フォント	27
塗りつぶし	59、71
ノート	14、110、114、119

【は】

背景のスタイル	24
配色	24
配布資料	106、114
発表者ビュー	118
発表用原稿	110
幅を揃える	58
バリエーション	24
凡例	66、67、73
左揃え	38
ビデオの挿入	49
非表示スライド	97
表	50、54、58

表示単位	72
表示倍率	16
表スタイルのオプション	55
表の移動	51
表のサイズ変更	51
表のスタイル	54
表の挿入	50
フォント	24、27、29
フォント（ウィンドウ）	32
フォント サイズ	28
フォントの色	28
フッター	114
太字	30
プレゼンテーション	6
プレゼンテーション ファイル	18
ヘッダー	114
ポイント	28
保存	10

【ま】

右揃え	38
目盛線	66
文字色	28、29
文字サイズ	28
文字種の変換	31
文字の影	30
文字の間隔	31
文字の配置	39
文字列の方向	40

【や・ら・わ】

用紙の向き	109
リセット	45
リハーサル	17、95
リボン	14
両端揃え	38
レーザーポインター	119
列の削除	53
列の追加	52
列の幅	58
枠線	71

ご質問がある場合は・・・

本書の内容についてご質問がある場合は、本書の書名ならびに掲載箇所のページ番号を明記の上、FAX・郵送・Eメールなどの書面にてお送りください（宛先は下記を参照）。電話でのご質問はお断りいたします。また、本書の内容を超えるご質問に関しては、回答を控えさせていただく場合があります。

情報演習 ㉘
PowerPoint 2016 ワークブック

2017年5月10日　初版第1刷発行

著　者	相澤　裕介	
発行人	石塚　勝敏	
発　行	株式会社 カットシステム	

〒169-0073 東京都新宿区百人町4-9-7　新宿ユーエストビル8F
TEL　（03）5348-3850　　FAX　（03）5348-3851
URL　http://www.cutt.co.jp/
振替　00130-6-17174

印　刷　　シナノ書籍印刷 株式会社

　　　本書の内容の一部あるいは全部を無断で複写複製（コピー・電子入力）することは、法律で認められた場合を除き、著作者および出版者の権利の侵害になりますので、その場合はあらかじめ小社あてに許諾をお求めください。

本書に関するご意見、ご質問は小社出版部宛まで文書か、sales@cutt.co.jp 宛に e-mail でお送りください。電話によるお問い合わせはご遠慮ください。また、本書の内容を超えるご質問にはお答えできませんので、あらかじめご了承ください。

Cover design *Y. Yamaguchi*　　　　　　　　　Copyright©2017　相澤 裕介
Printed in Japan　　ISBN 978-4-87783-834-8

テーマの一覧

■ ベルリン

■ メイン イベント

■ 回路

■ 基礎